Susanna Färber

AROMA küche

Düfte zum Essen & Trinken

KOSMOS

INHALT

ÄTHERISCHE ÖLE

—— *Düfte zum Essen & Trinken*

Was gut riecht, schmeichelt meist auch dem Gaumen. Für die Raumbeduftung und in der Kosmetik sind ätherische Öle, die duftenden Kostbarkeiten aus der Natur, schon lange beliebt. Wer sich gerne mit naturreinen Düften umgibt, sollte unbedingt auch einen Ausflug in die Aromaküche unternehmen. Beim Genuss von aromatisierten Speisen und Getränken nimmt nicht nur die Nase, sondern auch der Gaumen die kostbaren Essenzen auf – ein ganz besonderes Geschmackserlebnis!

Die natürlichen Aromen beleben Geist und Gemüt und bringen mehr Lebendigkeit und Farbe in die Küche. Mit wenigen Tropfen Rose können Sie Ihre Gäste nach Arabien entführen, mit Lavendel und Rosmarin einen Ausflug in die Provence unternehmen. Düfte wecken Erinnerungen und Gefühle und bereichern das Sinneserleben in der Küche! Und die Bio-Aromen haben darüber hinaus auch den großen Vorteil, zu jeder Jahreszeit verfügbar und lange haltbar zu sein.
Besonders leicht gemacht sind Aroma-Drinks. Suppen, Saucen und Gemüsegerichte bekommen durch die verschiedenen Aromen eine unverwechselbare Note. Und auch Desserts, süßes und herzhaftes Gebäck lassen sich damit wunderbar verfeinern. Ich habe die Rezepte für dieses Buch vegan, möglichst leicht und bekömmlich kreiert. Wer mag, kann die Pflanzenmilch- und sahne aber auch durch andere Milchprodukte ersetzen.

Schnuppern Sie in die facettenreiche Welt der Aromaküche und verfeinern Sie Ihre Lieblingsrezepte mit natürlichen Bio-Aromen.
Viel Freude beim Ausprobieren und Genießen!

Ihre Susanna Färber

AROMAKÜCHE

—— *genießen mit ätherischen Ölen*

Das Würzen von Speisen und Getränken mit reinen ätherischen Ölen erfreut sich zunehmender Beliebtheit, denn die natürlichen Aromen haben viele Vorteile. Natürlich ist das Kochen mit frischen Kräutern und Gewürzen etwas ganz Besonderes, aber nicht immer hat man alle Zutaten zur Hand. Unbehandelte Orangen z.B. gibt es nicht zu jeder Jahreszeit, während sie als Fruchtschalen-Öl stets in guter Bio-Qualität verfügbar sind. Ein anderes Beispiel sind exotische, nur schwer erhältliche Gewürze wie Tonkabohnen, die eine raffinierte Alternative für Vanille sind.

DIE AROMEN

Gerade wenn Sie eine Zutat nur selten oder in geringen Mengen brauchen, ist das ätherische Öl sehr praktisch einzusetzen, weil es sich im Fläschchen gut und auch platzsparend aufbewahren lässt. Die durchschnittliche Haltbarkeit von etwa 2 Jahren ist dabei ein wichtiges zusätzliches Plus der Bio-Aromen. Und im Vergleich etwa zu getrockneten Kräutern, bei denen sich die duftenden Aromastoffe relativ schnell verflüchtigen, bleiben diese im Fläschchen länger erhalten.

AROMA-TEE

Die einfachste Art, Tee zu aromatisieren, ist es 50 g Tee (z. B. schwarzen Tee, Rotbuschtee) in eine gut verschließbare Dose zu geben. Dann tropft man, je nach Sorte, ca. 10–20 Tropfen der gewünschten Aromen dazu, schließt die Dose, schüttelt gut und lässt die Mischung ca. 1 Woche reifen. Die Dose während der Zeit jeden Tag schütteln, aber nicht öffnen. Alternativ können Sie Tee auch mit Aromasirup aromatisieren, z. B. Earl Grey Tee: 10 Tropfen Bergamotte auf 50 g Schwarztee oder 20 Tropfen Vanille auf 50 g Rotbuschtee.

AROMA-COCKTAILS

Dafür mischt man die ätherischen Öle mit einem Basis-Sirup (z. B. Agavendicksaft). Es ist wichtig, die Öle nicht pur zu dosieren, weil sie sonst zu stark sind und sich auch nicht mit dem Getränk verbinden. Von dieser Basis gibt man dann einen Löffel auf Eis und gießt nach Belieben mit Spirituosen und Säften auf (Beispiele siehe Seite 12).

AROMA-SAHNE

1 Becher Sahne bzw. Sojasahne schlagen und zusammen mit dem Süßungsmittel 1–2 Tropfen Bio-Aroma unterschlagen. Dafür passen sehr gut Kakao, Tonka oder Vanille, aber auch die exklusive Rose.

DAMPFGAREN

Gemüse, das über Dampf gegart wird, lässt sich sehr einfach aromatisieren. Dafür kurz vor Ende der Garzeit 2–3 Tropfen Bio-Aroma in das Wasser geben. Gut geeignet z. B. für Blumenkohl oder Brokkoli, Öle wie Zitrone und Orange passen hier besonders gut.

AROMA-GRUNDREGELN

Bei der Zubereitung der Rezepte lassen sich Zutaten und ätherische Öle ganz nach Belieben variieren, Sie können sich dabei von Ihrem Gaumen und Ihrer Nase leiten lassen, um eigene Kreationen auszuprobieren. Doch damit das Aromaerlebnis auch wirklich perfekt wird, sollten Sie dabei Folgendes beachten:

1. In der Küche sollten Sie ausschließlich als Lebensmittel zugelassene 100 % naturreine Aromen verwenden, am besten in zertifizierter Bio-Qualität. Man erhält diese ätherischen Öle im gut sortierten Bio-Fachhandel, in auf Aromatherapie spezialisierten Apotheken und in vielen Internet-Shops.

2. Die ätherischen Öle nie pur in Speisen und Getränke geben, sondern immer verdünnt in Sirup, Olivenöl, Pflanzensahne oder in einem anderen Emulgator. Dabei sollten Sie am besten immer über einen Löffel vordosieren, damit Sie nicht zu viel verwenden.

3. Die ätherischen Öle immer erst zum Schluss dazugeben, bei Suppen oder anderen gekochten Speisen am Ende der Garzeit. Sie werden dann sehr niedrig dosiert und gut mit der Speise vermischt. Werden die Öle beim Backen erhitzt, geht mehr Aroma verloren, deshalb sind die Dosierungen bei Brot und Gebäck auch immer etwas höher.

DIE RICHTIGE DOSIS

— *tropfenweise Hochgenuss*

Ätherische Öle als Zutaten zum Würzen in der Küche sind einfach einzusetzen, wenn Sie wenige Grundregeln beherzigen. Die Konzentrate aus der Natur sind sehr stark und so reicht für viele Rezepte schon 1 Tropfen. Die größte Schwierigkeit beim Aromatisieren sind die geringen Dosierungen von 1 oder 2 Tropfen. Um eine Überdosierung zu vermeiden, sollten Sie das Öl immer auf einen Teelöffel träufeln, mit dem Sie es dann auch unter die Speisen rühren. Wenn versehentlich zu viel auf den Löffel tropft, lässt sich so die Dosierung noch reduzieren.

DIE AROMABASIS

Eine andere Möglichkeit ist es, Öle für bestimmte Speisen in Speiseöl oder in Sirup vorzudosieren. Wer z. B. gerne Selleriesuppe kocht, kann die passenden Öle in Sonnenblumenöl mischen und diese Mischung dann jeweils löffelweise verwenden. Auch eine gute Möglichkeit, wenn man nur eine Portion zubereitet und dabei oft auch mal ein halber Tropfen verwendet wird, der nur schwer zu dosieren ist.
Eine nicht ganz exakte Möglichkeit ist es in diesem Fall, einen Tropfen auf einen Löffel zu geben und dann in die Speise zu tropfen, ohne zu verrühren. So bleibt etwa die Hälfte auf dem Löffel haften.

Da ätherische Öle nicht in Wasser löslich sind, brauchen sie immer eine emulgierende Basis, die das Öl in Speisen und Getränken verteilt. Dabei ist es wichtig, das Öl zusammen mit dem Emulgator, z. B. Öl, Sahne oder Sirup, entweder mit einem Schneebesen oder durch Pürieren und Mixen gut und gleichmäßig zu verrühren.

AROMEN DOSIEREN

Bei der Dosierung spielt die Intensität der Aromen eine große Rolle, aber auch persönliche Vorlieben. Für Kinder oder Schwangere wird eher niedriger dosiert, weil deren Geschmackssinn sensibler ist. Und wenn Sie ein Aroma besonders lieben, können Sie auch etwas mehr davon verwenden.

- Alkoholextrakte wie Kakao, Tonka und Vanille sind meist gut und problemlos zu dosieren.
- Zitrusdüfte wie Orange und Zitrone sind unkompliziert und dürfen auch mal etwas großzügiger verwendet werden.
- Zitrusdüfte wie Lemongras, Limette, Mandarine oder Bergamotte sind stärker und etwas herb und damit niedriger zu dosieren.
- Anis, Ingwer und Rosmarin sind mittelstarke Öle, die je nach Vorliebe dosiert werden können.
- Rose ist intensiv, obwohl sie nur 3 %ig in Alkohol verwendet wird, genügen wenige Tropfen der Verdünnung.
- Besonders intensive Öle, die schnell überdosiert werden: Basilikum, Lavendel, Oregano, Pfefferminze, Nelke und Zimt.

AROMEN KOMBINIEREN

Bei den Ölbeschreibungen (siehe S. 90 ff.) gibt es immer Hinweise, welche Öle besonders gut zueinander passen. Das heißt aber nicht, dass andere Aromen nicht harmonieren. Im richtigen Mischungsverhältnis gibt es viele Kombinationsmöglichkeiten. Werden in den Rezepten mehrere Aromen verwendet, ist die aufgeführte Kombination der Optimalfall. Wer aber beispielsweise Zimt Bio-Aroma nicht zur Hand hat, kann stattdessen auch eine Prise Zimt verwenden.

Öle, deren Kombination Sie häufig verwenden, können Sie in einem 5-ml-Glasfläschen mischen und so vorbereitet tropfenweise einsetzen. Ideal ist es, wenn diese Mischungen vor dem ersten Gebrauch einige Tage in der geschlossenen Flasche reifen können. Vor Gebrauch gut schütteln!

ZITRUS- AROMAMISCHUNG
12 Tr. Bergamotte Bio-Aroma, 12 Tr. Mandarine Bio-Aroma, 3 ml (72 Tropfen) Orange Bio-Aroma, 1 ml (24 Tropfen) Zitrone Bio-Aroma

WEIHNACHTS-AROMAMISCHUNG
7 Tr. Ingwer Bio-Aroma, 12 Tr. Mandarine Bio-Aroma, 3 Tr. Nelke Bio-Aroma, 3,5 ml (82 Tr.) Orange, 12 Tr. Vanille, 2 Tr. Zimt Bio-Aroma

WOHLFÜHL-AROMAMISCHUNG
12 Tr. Kakao Bio-Aroma, 2, 5 ml (60 Tr.) Orange Bio-Aroma, 12 Tr. Rose 3 % Bio-Aroma, 12 Tr. Tonka und 24 Tr. Vanille Bio-Aroma

KRÄUTER-AROMAMISCHUNG
12 Tr. Basilikum Bio-Aroma, 12 Tr. Oregano Bio-Aroma, 2 ml (48 Tr.) Orange Bio-Aroma, 1 ml (24 Tr.) Rosmarin Bio-Aroma, 1 ml (24 Tr.) Zitrone Bio-Aroma

HERZHAFT AROMATISIEREN

—— mit Ölen und Salzen

Eine gute Möglichkeit, Bio-Aromen in Speisen zu dosieren, ist die Verwendung von aromatisierten Basisölen. Das Basisöl ist hier der Emulgator, der dafür sorgt, dass sich das Bio-Aroma gut in den Speisen verteilt. Aromatisiertes Öl passt für alle Gerichte, in denen Öl bereits verwendet wird, z. B. für Salate, Salatsaucen, Dips, Gemüse, Reis- und Nudelgerichte. Das Aromatisieren von Essig oder Sojasauce ist eine einfache Alternative. Das Öl oder den Essig können Sie dabei jeweils nur mit einem oder auch mit mehreren Aromen vermischen. Bei Salaten verwenden Sie das Aroma-Würzöl immer löffelweise und geben außerdem noch etwas nicht aromatisiertes Öl dazu, um die gewünschte Würzstärke zu erreichen. Bei Speisen, die erhitzt werden, kommt das Würzöl am Ende des Kochvorgangs dazu.

AROMA-WÜRZÖLE

Die Basis bilden möglichst kalt gepresste Basisöle wie z. B. Olivenöl, Sonnenblumenöl oder auch Sesamöl, Arganöl oder Schwarzkümmelöl. Das Bio-Aroma wird in dieses Basisöl geträufelt und gut geschüttelt. Verschlossen und kühl aufbewahrt, halten sich diese Mischungen mehrere Monate.
Zur Orientierung: 1 EL Basisöl entspricht 5 ml, 1 TL Basisöl 2,5 ml. Optimal ist es, die Mischung einige Tage reifen zu lassen, sie kann aber auch frisch zubereitet verwendet werden.
Dosierung: Auf 50 ml Basisöl als Gesamtmenge nicht mehr als 10 Tropfen Bio-Aroma verwenden. Die Dosierung erfolgt dann teelöffelweise, je nach Geschmack. Sehr gut geeignet für herzhafte Gerichte sind alle Kräuter und Zitrusdüfte. Aber auch Gewürze wie Anis oder Ingwer und Rose passen gut.

PROVENÇALISCHES WÜRZÖL

50 ml Olivenöl mit 1 Tr. Lavendel Bio-Aroma, 4 Tr. Rosmarin Bio-Aroma und 5 Tr. Zitrone Bio-Aroma mischen.

ORANGEN-WÜRZÖL

Für mediterrane Salate: 50 ml Olivenöl mit 10 Tr. Orange Bio-Aroma mischen. Das Würzöl verfeinert Salate zusammen mit den sonst üblichen Zutaten wie Olivenöl, Aceto balsamico, Kräutersalz etc. und gibt jedem Gericht eine frische Note.

ITALIENISCHES WÜRZÖL

50 ml Olivenöl mit 1 Tr. Basilikum Bio-Aroma (oder Bergamotte Bio-Aroma), 5 Tr. Orange Bio-Aroma, 2 Tr. Rosmarin Bio-Aroma und 2 Tr. Zitrone Bio-Aroma mischen.

SPANISCHES WÜRZÖL

50 ml Olivenöl mit 1 Tr. Oregano Bio-Aroma, 3 Tr. Mandarine Bio-Aroma, 4 Tr. Orange Bio-Aroma und 2 Tr. Rosmarin Bio-Aroma mischen.

ARABISCHES WÜRZÖL

50 ml Sesamöl mit 3 Tr. Rose 3% Bio-Aroma, 5 Tr. Ingwer Bio-Aroma und 2 Tr. Limette Bio-Aroma mischen.

EXOTISCHES WÜRZÖL
Ideal für asiatische Gerichte: 50 ml Sesamöl mit 3 Tr. Lemongras Bio-Aroma und 7 Tr. Orange Bio-Aroma mischen.

ZITRUS-WÜRZESSIG
50 ml Apfel- oder Weinessig mit 1 Tr. Bergamotte Bio-Aroma, 1 Tr. Mandarine Bio-Aroma, 5 Tr. Orange Bio-Aroma und 3 Tr. Zitrone Bio-Aroma mischen.

AROMA-SALZE

Die Bio-Aromen werden in einem Glas mit Schraubdeckel auf die Glaswand getropft und das Glas wird so gedreht, dass die Flüssigkeit sich möglichst gut verteilen kann. Dann geben Sie das nicht zu feine Salz dazu, schließen das Glas, schütteln es gut und rühren mit einem Löffel um. Sie können auch grobes Salz und zusätzlich getrocknete Kräuter verwenden. Die Mischung sollte mindestens 1 Tag, idealerweise 3 Tage reifen, dabei mehrmals gut schütteln. Das Aromasalz kann danach prisenweise für die Zubereitung von Salatsaucen, Dips und vielen herzhaften Gerichten verwendet werden.

ZITRUS-SALZ
50 g naturbelassenes Salz, 5 Tr. Orange Bio-Aroma, 2 Tr. Mandarine Bio-Aroma und 3 Tr. Zitrone Bio-Aroma mischen.

FRANZÖSISCHES KRÄUTERSALZ
2 TL getrockneten Thymian in einem Mörser zerkleinern, 50 g grobes Meersalz sowie 8 Tr. Orange Bio-Aroma und 2 Tr. Lavendel Bio-Aroma dazugeben und fein mörsern.

DIE AROMA-BASIS

—— für Getränke und Süßspeisen

Hier ist Sirup oder Zucker die Basis, um ätherische Öle vorzudosieren und sie zum Würzen von Speisen und Getränken verwenden zu können. Mit einem Aromasirup, aus einem Aroma oder auch einer Mischung von mehreren Bio-Aromen hergestellt, haben Sie das ätherische Öl schon gelöst im Emulgator schnell zur Hand und vermeiden Überdosierungen.

AROMA-SIRUP

Die Basis für einen Aroma-Sirup bilden süße zähflüssige Sirupe wie Agavendicksaft, Ahornsirup, Reissirup, flüssiger Honig etc. In diesen Sirup wird das Bio-Aroma geträufelt und die Mischung gut geschüttelt. Optimal ist es, sie einige Tage reifen zu lassen, Sie können sie aber auch frisch zubereitet verwenden. Gut verschlossen und gekühlt aufbewahrt, halten sich die Mischungen mehrere Monate.
1 EL Sirup entspricht 5 ml, 1 TL Sirup 2,5 ml.

LEMONGRAS-AROMASIRUP (GRUNDREZEPT)
Ideal für einen Gin Tonic mit Frische-Kick: 50 ml Agavendicksaft mit 10 Tr. Lemongras Bio-Aroma mischen. Ergibt ca. 10 Drinks. Zubereitung: In ein Glas Eis und 1 TL Sirup geben, den Gin zufügen und umrühren. Mit Tonic aufgießen. Alternativ können Sie auch 1 EL Agavendicksaft mit 1 Tr. Lemongras Bio-Aroma mischen und direkt in 2 Drinks dosieren.

Nach diesem Grundrezept können Sie verschiedene Aromasirupe zubereiten. Ideal für Cocktails sind alle Zitrusdüfte und die Rose. Auch Gewürze wie Anis, Ingwer und Pfefferminze sind gut für erfrischende Getränke geeignet. Sie können auch mehrere Aromen mischen. Als Gesamtmenge nicht mehr als 10 Tropfen Bio-Aroma, bei schwächeren Ölen maximal 15 Tropfen verwenden.
Die Dosierung: je nach Geschmack ca. 1 TL pro Cocktail. Alle Zubereitungen können Sie auch löffelweise in Desserts oder Shakes dosieren.

ZITRONE-PFEFFERMINZ-SIRUP
Für frische Sommercocktails: 50 ml Agavendicksaft mit 8 Tr. Zitrone Bio-Aroma und 2 Tr. Pfefferminze Bio-Aroma mischen. Zubereitung: In ein Glas Eis und Sirup geben, mit Orangensaft oder anderem Fruchtsaft mischen. Mit Prosecco aufgießen.

ZITRUS-SIRUP
Für spritzige Cocktails: 50 ml Agavendicksaft, 6 Tr. Orange Bio-Aroma, 2 Tr. Mandarine Bio-Aroma und 2 Tr. Bergamotte Bio-Aroma.

ROSEN-SIRUP
Für edle Cocktails: 50 ml Agavendicksaft mit 3 Tr. Rose Bio-Aroma 3%ig und 2 Tr. Kakao Bio-Aroma mischen.

VANILLE-SIRUP
Für Wohlfühl-Cocktails: 50 ml Ahornsirup mit 4 Tr. Orange Bio-Aroma, 4 Tr. Vanille und 2 Tr. Tonka Bio-Aroma mischen. Passt sehr gut zu Orangensaft, aber auch in Heißgetränke.

AROMAZUCKER

In ein Glas mit Schraubdeckel die Bio-Aromen auf die Glaswand tropfen und das Glas umdrehen, damit die Flüssigkeit sich möglichst gut verteilen kann. Zucker dazugeben, das Glas schließen und gut schütteln. Diese Mischung sollte mindestens 1 Tag, optimal 3 Tage reifen, dabei mehrmals schütteln. Aromazucker können Sie für Desserts, Heißgetränke oder zum Süßen von Sahne verwenden. Auch Puderzucker kann aromatisiert werden. Da er schneller klumpt, anfangs gut mit einem Löffel umrühren. Er lässt sich gut als Topping über Kuchen und Gebäck stäuben und als besondere Note für Zuckerglasuren einsetzen.
Die Dosierung: 50 g Rohrohrzucker und maximal 10 Tropfen Bio-Aroma (oder eine Mischung aus mehreren Aromen).

WOHLFÜHL-AROMAZUCKER
Für Heißgetränke und Desserts: 50 g Rohrohrzucker oder Puderzucker mit 5 Tr. Vanille Bio-Aroma, 3 Tr. Kakao Bio-Aroma und 2 Tr. Tonka Bio-Aroma mischen.

MEDITERRANER AROMAZUCKER
Ideal für Fruchtsalat und frische Desserts: 50 g Rohrohrzucker mit 7 Tr. Orange Bio-Aroma, 1 Tr. Limette Bio-Aroma, 2 Tr. Zitrone Bio-Aroma mischen.

EXOTISCHER AROMAZUCKER
Für das besondere Dessert: 50 g Rohrohrzucker mit 3 Tropfen Rose 3% Bio-Aroma, 2 Tr. Lemongras Bio-Aroma, 5 Tr. Vanille Bio-Aroma mischen.

WEIHNACHTS-AROMAZUCKER
50 g Rohrohrzucker mit 3 Tr. Orange Bio-Aroma, 2 Tr. Mandarine Bio-Aroma, 1 Tr. Nelke Bio-Aroma, 3 Tr. Vanille Bio-Aroma und 1 Tr. Zimt Bio-Aroma mischen.

„RELAX"-ZUCKER
50 g Rohrohrzucker mit 3 Tr. Anis, 3 Tr. Kakao und 4 Tr. Vanille Bio-Aroma mischen.

BLÜTEN-AROMAZUCKER
50 g Rohrohrzucker mit 5 Tr. Tonka Bio-Aroma, 3 Tr. Rose 3% Bio-Aroma und 2 Tr. Lavendel Bio-Aroma mischen.

COCKTAILS
& Feine Drinks

DER IDEALE EINSTIEG IN DIE AROMA-
KÜCHE. BELEBT UND ERFRISCHT
ALS APERITIF ODER LIMONADE UND
BRINGT ALS SANFTER SMOOTHIE
ODER HEISSGETRÄNK ENTSPANNUNG.

ANANAS-COCKTAIL

—— *mit Prosecco*

Für den Aromasirup den Agavendicksaft in ein verschließbares Glas oder eine Flasche füllen, die Bio-Aromen hineinträufeln und gut schütteln. Der Aromasirup ist gekühlt mehrere Monate haltbar.

Für einen Cocktail 5 EL Crushed Ice und 1 TL Aromasirup in ein Cocktailglas geben. Den Ananassaft dazugießen und umrühren. Mit 100 ml Prosecco aufgießen. Mit einer Scheibe Bio-Orange am Glasrand dekorieren und mit einem Strohhalm servieren.

AROMASIRUP FÜR 10 COCKTAILS

- 50 ml Agavendicksaft
- 1 Tr. Lemongras Bio-Aroma
- 3 Tr. Orange Bio-Aroma
- 2 Tr. Mandarine Bio-Aroma

FÜR 1 COCKTAIL

- 5 EL Crushed Ice
- 1 TL (5 ml) Aromasirup
- 50 ml Ananassaft
- 100 ml Prosecco
- 1 Scheibe Bio-Orange

ZEITBEDARF

- 10 Minuten

VARIANTE

Dieser Cocktail schmeckt auch mit Orangen- statt Ananassaft sehr gut. Für eine alkoholfreie Variante können Sie anstelle von Prosecco Zitronenlimonade verwenden.

ROSEN-CHAMPAGNER
—— *mit Himbeeren*

AROMASIRUP FÜR 5 COCKTAILS
- 25 ml Agavendicksaft
- 3 Tr. Rose 3 % Bio-Aroma

FÜR 1 COCKTAIL
- 1 TL (5 ml) Aromasirup
- 2–3 Eiswürfel
- 5 Himbeeren
- 100 ml Champagner

ZEITBEDARF
- 10 Minuten

Für den Aromasirup den Agavendicksaft in ein verschließbares Glas bzw. eine Flasche füllen, das Rose 3 % Bio-Aroma hineinträufeln und gut schütteln. Der Aromasirup ist gekühlt mehrere Monate haltbar.

Für den Cocktail 2–3 Eiswürfel und 1 TL Aromasirup in ein Champagnerglas geben. Die Himbeeren dazugeben, mit Champagner aufgießen und sofort servieren.

Für eine preisgünstigere Alternative kann man auch Sekt oder Prosecco zum Aufgießen nehmen. Je nach Saison schmecken auch halbierte Erdbeeren oder andere Fruchtstückchen.

VARIANTE: APFEL-KIRSCH-PROSECCO

Einen Aromasirup aus 25 ml Agavendicksaft, 1 Tr. Anis Bio-Aroma und 2 Tr. Orange Bio-Aroma herstellen. Für 1 Cocktail 1 TL Aromasirup und 2–3 Eiswürfel in ein Cocktailglas geben. 35 ml Apfelsaft und 15 ml Kirschsaft dazugeben, mit 100 ml Prosecco aufgießen. Auch Birnensaft harmoniert gut mit dem Anis-Aroma.

SPRITZIGE LIMONADE

—— *mit Zitrus-Aromen*

FÜR 1 L LIMONADE
- 1 EL Agavendicksaft
- 2 Tr. Lemongras Bio-Aroma
- 4 Tr. Zitrone Bio-Aroma
- 100 ml Ananassaft
- 8–10 Eiswürfel
- 900 ml Mineralwasser mit Kohlensäure
- 1 Bio-Zitrone

ZEITBEDARF
- 10 Minuten

Den Agavendicksaft in einen Glaskrug geben, Lemongras und Zitrone Bio-Aroma hineinträufeln. Den Ananassaft dazugießen und mit einem Löffel gut verrühren. Die Eiswürfel dazugeben und mit dem Mineralwasser auffüllen. Gut umrühren.

Ein paar dünn geschnittene Scheiben Bio-Zitrone in den Krug geben und die Limonade servieren.

VARIANTE

Sie können in den Sirup auch 1 Tr. Pfefferminze Bio-Aroma träufeln und dann statt 4 Tr. nur 2 Tr. Zitrone Bio-Aroma verwenden. Zusätzlich noch ein paar frische Pfefferminzblätter in den Krug geben. Die Limonade kann mit jedem beliebigen Saft zubereitet werden. Sie schmeckt auch ohne Saft, allerdings benötigt man dann etwas mehr Agavendicksaft. Sie können auch nur den Saft von ½ Zitrone mit den Aromen verrühren und mit Mineralwasser aufgießen.

HIMBEER-SMOOTHIE

—— mit Kokosmilch & Banane

Kokosmilch und Himbeeren im Mixer fein pürieren. Verwendet man Bio-Kokosmilch ohne Emulgatoren, bei der sich meistens oben eine Fettschicht absetzt, die geöffnete Dose für ein paar Minuten in heißes Wasser stellen und umrühren, damit sich das Fett gleichmäßig verteilen kann. Stören die kleinen Kerne der Himbeeren, kann man die Masse auch durch ein Tuch passieren und zusätzlich 2 EL Hafersahne hinzufügen.

Die Banane schälen und in kleine Stückchen schneiden, mit Hafersahne, Ahornsirup und Rose 3 % Bio-Aroma zur Kokos-Himbeer-Milch geben, nochmals gut pürieren. Evtl. mit Puderzucker nachsüßen.

Den Smoothie in 2 Gläser füllen, mit je 1 Himbeere dekorieren und mit Strohhalm servieren.

FÜR 2 GLÄSER

- 200 ml Kokosmilch
- 75 g Himbeeren (frisch oder TK)
- 1 kleine Banane
- 4 EL Hafer- oder Sojasahne
- 2 EL Ahornsirup
- 1–2 Tr. Rose 3 % Bio-Aroma
- evtl. etwas Puderzucker

ZEITBEDARF

- 10 Minuten

VARIANTE: MANDEL-SMOOTHIE

200 ml Mandelmilch mit 2 in kleine Stücke geschnittenen Bananen im Mixer pürieren. 2 EL Hafersahne, 2 EL Ahornsirup und 4 Tr. Tonka Bio-Aroma dazugeben und gut vermixen. Eventuell mit etwas Puderzucker nachsüßen. In 2 Gläser füllen und mit Strohhalm servieren.

HEISSE SCHOKOLADE

—— zum Wohlfühlen & Relaxen

FÜR 2 BECHER
- 500 ml Mandelmilch oder andere Pflanzenmilch
- 60 g Zartbitter- oder Reisschokolade
- 1 TL Ahornsirup
- 2 Tr. Kakao oder Vanille oder 1 Tr. Lavendel Bio-Aroma
- Zucker oder Ahornsirup nach Belieben

ZEITBEDARF
- 10 Minuten

Die Milch im Topf erhitzen, die Schokolade in Stücke brechen, dazugeben und darin schmelzen lassen. Den Ahornsirup auf einen Löffel geben und 2 Tr. Kakao oder Vanille oder 1 Tr. Lavendel Bio-Aroma dazutropfen.

Diese Aromasirup-Mischung gut im heißen Kakao verrühren und nach Belieben mit etwas Ahornsirup oder Zucker süßen.

VARIANTE: HEISSE MANDELMILCH

500 ml Mandelmilch oder andere Pflanzenmilch erhitzen. 1 TL Ahornsirup auf einen Löffel geben und 2 Tr. Tonka Bio-Aroma dazutropfen. Mit der Milch verrühren und nach Belieben mit Ahornsirup oder Zucker süßen.

AROMA-TEE

——feine Variationen

FÜR 2 BECHER
- 500 ml Wasser
- 1 EL Rotbusch-Tee oder Schwarztee
- 1 TL Agavendicksaft
- Orange, Vanille oder Tonka Bio-Aroma
- Zucker oder andere Süßungsmittel nach Belieben

ZEITBEDARF
- 10 Minuten

Das Wasser aufkochen und den Rotbuschtee in einer Kanne damit übergießen. 10 Minuten ziehen lassen und danach abseihen.

Den Agavendicksaft auf einen Löffel geben, 2 Tr. Orange Bio-Aroma dazuträufeln und gut im Tee verrühren. Gut geeignet zum Aromatisieren sind auch 2 Tr. Vanille oder 1 Tr. Orange und 1 Tr. Vanille, 1 Tr. Orange und 1 Tr. Tonka oder auch 2 Tr. Tonka.

VARIANTE: APFEL-KIRSCH-PUNSCH

Bio-Aromen geben auch Glühwein und Punsch die besondere Note. Für 4 Becher Apfel-Kirsch-Punsch werden 500 ml Rotwein mit 350 ml Apfelsaft, 150 ml Kirschsaft und 2 EL Rohrohrzucker in einem Topf erwärmt. 1 EL Agavendicksaft mit 1 Tr. Zimt und 6 Tr. Orange Bio-Aroma in den Punsch geben und gut verrühren. Nicht aufkochen lassen.

SNACKS
& Vorspeisen

DIPS UND AUFSTRICHE, SALAT-DRESSINGS ODER HERZHAFTES GEBÄCK: SIE LADEN DAZU EIN, MIT VERSCHIEDENSTEN BIO-AROMEN VERFEINERT ZU WERDEN.

ROTE-BETE-DIP

—— *mit Cashewkernen*

FÜR 1 GLAS À 250 ML
- 25 g Sonnenblumenkerne
- 35 g Cashewbruch
- 1 mittelgroße Rote Bete
- ¼ rote Zwiebel
- 1 EL Hafersahne
- 1 TL Kräutersalz
- 1 Prise Muskatnuss
- 2 Tr. Ingwer Bio-Aroma
- 1 Tr. Nelke Bio-Aroma
- 2 Tr. Zitrone Bio-Aroma
- schwarzer Pfeffer aus der Mühle

ZEITBEDARF
- 20 Minuten
- ca. 20 Minuten kochen
- 1 Stunde einweichen

Sonnenblumenkerne und Cashewbruch in einer Schale gut mit Wasser bedecken und mindestens 1 Stunde einweichen.

Die Rote Bete in Wasser oder im Dampftopf garen. Alternativ kann man auch vorgekochte Rote Bete verwenden.

Die Zwiebel fein schneiden und in ein Püriergefäß geben. Die eingeweichten Kerne abgießen und dazugeben. Die gekochte Rote Bete schälen, klein schneiden und ebenfalls zugeben. Mit dem Pürierstab fein pürieren.

Die Hafersahne, Kräutersalz und Muskatnuss hinzufügen, Ingwer, Nelke und Zitrone Bio-Aroma dazutropfen und nochmals kräftig pürieren. Mit Pfeffer nach Belieben abschmecken.

AVOCADO-CREME

Ein guter optischer Kontrast zum Rote-Bete-Dip: 1 reife Avocado mit der Gabel zerdrücken, mit etwas zerdrücktem Knoblauch, Kräutersalz und Pfeffer würzen und mit 1 Tr. Zitrone und 1 Tr. Orange oder mit 1 Tr. Zitrone und 1 Tr. Ingwer Bio-Aroma verfeinern.
Werden die Dips als Brotaufstrich verwendet, sollten sie eine etwas festere Konsistenz haben, so wie im Rezept angegeben. Will man Gemüse, Nachos oder Brot eintauchen, kann man sie mit etwas Wasser oder Pflanzensahne flüssiger machen.

GEMÜSE-HUMMUS

—— *mit Möhre und Zucchini*

FÜR 1 GLAS À 250 ML

- 60 g Kichererbsen (Glas oder Dose)
- 1 mittelgroße Zwiebel
- 1 Knoblauchzehe
- 1 Möhre
- ½ kleine Zucchini
- 2 EL geröstetes Sesamöl
- 30 ml Wasser
- 1 EL Tahin (Sesammus)
- 1 TL Kräutersalz
- ½ TL Paprikapulver
- 2 Tr. Lemongras Bio-Aroma
- ¼ Bund Petersilie

ZEITBEDARF

- 15 Minuten
- 15 Minuten kochen

Die Kichererbsen abgießen und abspülen. Zwiebel und Knoblauch schälen und klein schneiden. Die Möhre und die Zucchini waschen und ebenfalls klein schneiden.

Zwiebel und Knoblauch in Sesamöl andünsten, Möhre und Zucchini dazugeben und zugedeckt ca. 15 Minuten garen. Bei Bedarf etwas Wasser zugeben.

Die Kichererbsen mit dem Gemüse und Wasser in ein hohes Gefäß geben. Mit Tahin, Kräutersalz, Paprikapulver und Lemongras Bio-Aroma abschmecken und mit dem Pürierstab zu einer cremigen Masse pürieren. Die Petersilie fein hacken, den größten Teil unter den Hummus ziehen, den Rest als Garnitur darüberstreuen.

VARIANTE: KLASSISCHER HUMMUS

Kichererbsen-Aufstriche sind traditioneller Bestandteil der arabischen Küche. Diese Variante mit Gemüse ist besonders leicht und bekömmlich. Für klassischen Hummus 150 g Kichererbsen mit 100 ml Wasser, 50 g Tahin, 1 EL Paprikapulver, 1 TL Salz, 1 Knoblauchzehe, 6 Tr. Zitrone Bio-Aroma oder 4 Tr. Zitrone und 2 Tr. Ingwer Bio-Aroma pürieren.

KÜRBISKERNDIP
—— *mit Linsen & Zucchini*

FÜR 1 GLAS À 250 ML
- 30 g Kürbiskerne
- 30 g grüne Linsen
- 100 ml Wasser
- ½ Bund Frühlingszwiebeln
- 1 EL Sonnenblumenöl
- ½ Zucchini
- 1 EL Hafer- oder Sojasahne
- 1 TL Kräutersalz
- 4 Tr. Zitrone Bio-Aroma
- Chilipulver nach Belieben

ZEITBEDARF
- 20 Minuten
- 30 Minuten kochen
- ca. 1 Stunde einweichen

Die Kürbiskerne ca. 1 Stunde in Wasser einweichen. Der Dip hat dann noch etwas Biss, soll er ganz cremig sein, die Kerne ca. 3 Stunden einweichen.

Die grünen Linsen mit Wasser in einem Topf zugedeckt in ca. 30 Minuten gar kochen.

Die Frühlingszwiebeln waschen, putzen, klein schneiden und in Sonnenblumenöl andünsten. Die Zucchini waschen, in kleine Stücke schneiden und ca. 10 Minuten mitdünsten. Bei Bedarf etwas Wasser zugeben. Die Kürbiskerne abgießen und dazugeben.

Alle Zutaten mit einem Pürierstab oder im Mixer fein pürieren. Die Hafersahne, das Kräutersalz und das Zitrone Bio-Aroma dazugeben und gut untermischen. Den Dip mit Chilipulver abschmecken.

VARIANTE
Statt mit 4 Tr. Zitrone Bio-Aroma lässt sich der Kürbiskerndip auch sehr gut mit 1 Tr. Rosmarin Bio-Aroma und 2 Tr. Zitrone Bio-Aroma verfeinern.

ROTE LINSENCREME

—— *mit Kokosflocken*

Die Linsen und die Kokosflocken in einem Topf mit dem Wasser aufkochen und zugedeckt 10–15 Minuten köcheln lassen, bis die Linsen gar sind. Bei Bedarf noch etwas mehr Wasser zugeben.

Das Tomatenmark und die Hafer- oder Sojasahne unterrühren und mit dem Mixstab pürieren. Die Linsencreme mit Kräutersalz, Currypulver und schwarzem Pfeffer aus der Mühle abschmecken. Zum Schluss das Orange Bio-Aroma zugeben und gut unterrühren.

FÜR 1 GLAS À 250 ML
- 50 g rote Linsen
- 10 g Kokosflocken
- 150 ml Wasser
- 100 g Bio-Tomatenmark aus dem Glas
- 2 EL Hafer- oder Sojasahne
- 1 TL Kräutersalz
- 1 TL Currypulver
- schwarzer Pfeffer aus der Mühle
- 2 Tr. Orange Bio-Aroma

ZEITBEDARF
- 10 Minuten
- 15 Minuten kochen

»Linsen sind ein wichtiger Bestandteil der indischen Küche. Sie sind hervorragende Eiweißlieferanten und spielen deshalb als perfekte Ergänzung auch in der veganen Küche eine große Rolle.«

COUSCOUS-SALAT

—— *mit Zucchini & Paprika*

Zucchini, Möhre und Paprikaschote waschen, putzen und in sehr kleine Würfel schneiden. Frühlingszwiebeln putzen, Knoblauch schälen und sehr fein schneiden.

Zwiebeln und Knoblauch in einem Topf in 1 EL Sesamöl anbraten, das Gemüse dazugeben, kurz anbraten und zugedeckt bissfest dünsten. Eventuell etwas Wasser hinzufügen.

Den Couscous über das Gemüse streuen und darüber das Gemüsebrühe-Pulver. Das Wasser aufkochen und darübergießen, ca. 10 Minuten ziehen lassen.

Sesamöl, Tahin und Hafersahne in einer kleinen Schale glatt rühren, Lemon Balsamico und Ahornsirup dazugeben, Lemongras, Zimt und Zitrone Bio-Aroma unterrühren. Die Petersilie waschen, klein schneiden und unterziehen, mit Salz und Chilipulver abschmecken.

Das Gemüse und den Couscous vermischen, die Sauce dazugeben und gut unterrühren. Nach Belieben noch etwas mehr Sesamöl oder Hafersahne dazugeben.

FÜR 2 PORTIONEN

- 1 Zucchini
- 1 Möhre
- ½ rote Paprikaschote
- 1 Bund Frühlingszwiebeln
- 1 Knoblauchzehe
- 3 EL Sesamöl
- 150 g Couscous
- 1 EL Gemüsebrühe-Pulver
- 300 ml Wasser
- 1 EL Tahin (Sesammus)
- 3 EL Hafer- oder Sojasahne
- 1 EL Lemon Balsamico oder Weißweinessig
- 1 EL Ahornsirup
- 2 Tr. Lemongras Bio-Aroma
- 1 Tr. Zimt Bio-Aroma
- 1 Tr. Zitrone Bio-Aroma
- 1 Bund Petersilie
- ½ TL Salz
- Chilipulver nach Belieben

ZEITBEDARF

- 40 Minuten

»Ein perfekter Party-Salat, den man gut am Vortag zubereiten kann, da er aromatischer wird, wenn er eine Weile durchzieht. Als sommerliche Variante können Sie das Zimt-Aroma durch 2 Tr. Pfefferminze Bio-Aroma ersetzen und den Salat mit frischen Minzeblättern dekorieren.«

WILDKRÄUTERSALAT

mit Möhren

FÜR 2 PORTIONEN

- 1 EL Aceto balsamico
- 3 EL Olivenöl
- 1 EL Wasser
- 1 TL Kräutersalz
- 1 Tr. Rosmarin Bio-Aroma
- 3 Tr. Orange Bio-Aroma
- 170 g Wildkräutersalat
- weißer Pfeffer aus der Mühle
- 1 Möhre

ZEITBEDARF

- 15 Minuten

In einer kleinen Schale Aceto balsamico und Olivenöl verrühren, Wasser, Kräutersalz, Rosmarin und Orange Bio-Aroma dazugeben und gut verrühren.

Den Wildkräutersalat waschen, trocken schleudern und in eine Schüssel füllen. Das Dressing über den Salat gießen, mischen und bei Bedarf noch etwas Kräutersalz bzw. Olivenöl zugeben. Nach Belieben mit Pfeffer würzen.

Die Möhre waschen, eventuell mit einem Spiralschneider zerkleinern und über den Salat geben.

VARIANTE: SESAM-DRESSING

1 EL Tahin (Sesammus), 1 EL Apfelessig, 2 EL Sesamöl und 1 EL Wasser verrühren. ½ Knoblauchzehe dazupressen, mit Kräutersalz würzen, je 1 Tr. Orange und Zitrone Bio-Aroma dazuträufeln und zu einem glatten Dressing verrühren. Bei Bedarf etwas mehr Wasser zugeben.
Ein feines Dressing für alle grünen Salate, z.B. Endiviensalat. Als größere Menge zubereitet ist es auch ein idealer Dip für Gemüsesticks.

ANTIPASTI-TELLER

—— *mit Fenchel & Möhren*

FÜR 4 PORTIONEN
- 1 rote Paprikaschote
- 1 grüne Paprikaschote
- 1 Fenchelknolle
- ½ Bund Frühlingszwiebeln
- 1 Knoblauchzehe
- 8 EL Olivenöl
- 8 EL Aceto balsamico
- 2 Tr. Oregano Bio-Aroma
- 2 Tr. Basilikum Bio-Aroma
- 1 TL Kräuter der Provence
- Kräutersalz
- 350 g Möhren
- 8 EL Sonnenblumenöl
- 8 EL Weißweinessig
- 3 Tr. Orange Bio-Aroma
- je 1 EL Rosmarin und Thymian (frisch oder getrocknet)
- frische Kräuter zum Garnieren

ZEITBEDARF
- 30 Minuten
- 20 Minuten kochen
- mind. 5 Stunden kühlen

Paprikaschoten und Fenchel waschen, putzen und in mundgerechte längliche Stücke schneiden. Frühlingszwiebeln waschen und putzen, Knoblauch schälen, beides fein schneiden bzw. würfeln.

Das Gemüse in 2 EL Olivenöl in einem flachen großen Topf, eventuell nach Sorten getrennt, zugedeckt andünsten. Bei Bedarf wenig Wasser zugeben. In ca. 10 Minuten bissfest garen.

Das restliche Olivenöl mit Aceto balsamico, Oregano, Basilikum Bio-Aroma, Kräutern der Provence und Kräutersalz würzen und gut verrühren. In eine flache Schale geben.

Das Gemüse mit der Flüssigkeit in die Marinade legen und damit beträufeln. Zugedeckt mindestens 5 Stunden, am besten über Nacht, kalt stellen.

Die Möhren waschen, putzen, längs in Streifen schneiden und in 2 EL Sonnenblumenöl zugedeckt garen. Eventuell etwas Wasser zugeben.

Das restliche Sonnenblumenöl mit Weißweinessig, Orange Bio-Aroma, 1–2 TL Kräutersalz, Rosmarin und Thymian verrühren und in eine flache Schale geben. Die Möhren mit der Flüssigkeit in die Marinade legen und damit beträufeln. Zugedeckt ebenfalls mindestens 5 Stunden kalt stellen.

Das Gemüse vor dem Servieren mit frischen Kräutern nach Belieben garnieren.

FOCACCIA

mit Cocktailtomaten

Das Dinkelmehl in eine Schüssel geben, in die Mitte eine Mulde drücken und darin die zerbröckelte Hefe in etwas lauwarmem Wasser auflösen. Nach und nach das restliche lauwarme Wasser zugeben und unterkneten, bis der Teig elastisch ist und sich gut von der Schüssel löst. Zugedeckt an einem warmen Ort 20–30 Minuten ruhen lassen. Ein Backblech zur Hälfte einfetten.

Das Olivenöl mit den Aromen mischen, mit dem Salz unter den aufgegangenen Teig kneten. Auf einer bemehlten Arbeitsfläche den eher weichen Teig nochmals kurz kneten und dann flach auf die gefettete Backblechhälfte drücken.

Mit den Fingerkuppen gleichmäßig kleine Mulden in den Teig drücken, mit Olivenöl bepinseln. Rosmarin darüberstreuen, mit grobem Salz und Pfeffer bzw. Chili würzen. Die Cocktailtomaten waschen und halbieren, mit der runden Seite nach unten in den Teig drücken.

Den Teig nochmals 10–15 Minuten ruhen lassen. Den Backofen auf 220 °C (200 °C Umluft) vorheizen. Die Focaccia auf der unteren Schiene in ca. 20 Minuten goldbraun backen.

FÜR 1 STÜCK
- 300 g Dinkelmehl
- 1 Würfel frische Hefe
- 225 ml Wasser
- 2 EL natives Olivenöl
- 4 Tr. Rosmarin Bio-Aroma
- 2 Tr. Basilikum Bio-Aroma
- 1 TL Salz
- 2–3 EL Olivenöl zum Bestreichen
- Rosmarin (frisch oder getrocknet)
- grobes Meersalz aus der Mühle
- Pfeffer aus der Mühle oder Chili
- 50 g Cocktailtomaten

ZEITBEDARF
- 20 Minuten
- 45 Minuten ruhen
- 20 Minuten backen

VARIANTE

Statt mit Cocktailtomaten kann man die Focaccia auch mit 50 g grünen oder schwarzen Oliven oder mit Kapern belegen. Oder nur mit Kräutern und Salz bestreut als Beilage zu Salaten oder Dips servieren. Aus der Teigmenge lassen sich auch 6 kleine Focaccia-Brötchen formen.

PISTAZIEN-CANTUCCINI

—— *herzhaft gewürzt*

FÜR CA. 30 STÜCK

- 250 g Dinkelmehl Typ 1050
- 30 g Kichererbsenmehl
- ½ Päckchen Backpulver
- 100 g Pflanzenmargarine
- 80 ml Pflanzenmilch (z. B. Mandelmilch)
- 1 TL Kräutersalz
- Pfeffer aus der Mühle
- 6 Tr. Bergamotte Bio-Aroma
- 6 Tr. Lavendel Bio-Aroma
- 10 Tr. Rosmarin Bio-Aroma
- 1 EL Olivenöl
- 50 g Pistazien
- 100 g Mandeln

ZEITBEDARF

- 30 Minuten
- 60 Minuten backen

Das Dinkel- und Kichererbsenmehl in einer Schüssel mit dem Backpulver vermischen. Die Pflanzenmargarine in Stückchen dazugeben und unterkneten. Die Mandelmilch zugeben und ebenfalls unterkneten.

Den Teig mit Kräutersalz und Pfeffer würzen. Bergamotte, Lavendel und Rosmarin Bio-Aroma mit Olivenöl vermischen und dazugeben. Die Pistazien und Mandeln im Ganzen oder grob gehackt zum Teig geben.

Den Backofen auf 180 °C (160 °C Umluft) vorheizen. Den Teig zu 2 länglichen Laiben formen (ca. 4 cm breit und 2 cm hoch) und auf ein Backblech legen. In ca. 30 Minuten goldbraun backen. Das Blech herausnehmen und die Ofentemperatur auf 160 °C (140 °C Umluft) reduzieren.

Die Laibe 10 Minuten abkühlen lassen, danach in ca. 1 cm breite Streifen schneiden. Vorsichtig auf das Blech legen und im Backofen von beiden Seiten ca. 15 Minuten trocknen lassen.

»Cantuccini werden traditionell süß zubereitet. Diese herzhafte Variante passt sehr gut zum Aperitif oder auch zum Afternoon Tea, z. B. zu einer Tasse Earl-Grey-Tee.«

ROSMARINTALER

mit Cashewkernen

FÜR 24 STÜCK

- 150 g Dinkelvollkornmehl
- 80 g weiche Pflanzenmargarine
- 100 g Cashewbruch
- 20 ml Pflanzenmilch
- 1 TL Kräutersalz
- 20 Tr. Rosmarin Bio-Aroma
- Rosmarinnadeln zum Dekorieren

ZEITBEDARF

- 30 Minuten
- 30 Minuten backen

Das Dinkelvollkornmehl in eine Schüssel geben, die Pflanzenmargarine in kleinen Stücken dazugeben. Den Cashewbruch je zur Hälfte fein mahlen und grob hacken, ebenfalls zum Teig geben. Die Pflanzenmilch nach und nach zugeben und mit dem Kräutersalz unterkneten. Der Teig soll nicht zu weich werden.

Den Teig zu 2 Rollen mit ca. 3 cm Ø formen und für 30 Minuten im Kühlschrank kalt stellen. Den Backofen auf 180 °C (Umluft 160 °C) vorheizen.

Die Teigrollen aus dem Kühlschrank nehmen, in ca. 1 cm dicke Scheiben schneiden und auf ein mit Backpapier ausgelegtes Backblech legen. Rosmarinnadeln über die Taler streuen und leicht andrücken. Die Rosmarintaler in 25–30 Minuten goldbraun backen.

»Die Taler sind schnell gemacht und passen gut zum Aperitif oder zu einem Glas Prosecco. Sie sind aber auch eine gesunde Alternative zu Chips & Co. Als Dekoration für die Taler eignen sich neben Rosmarin auch gehackte Cashewkerne, Sesam oder Mohnkörner. Die mürben Taler schmecken am besten, wenn sie einen Tag in einer verschlossenen Dose gelagert werden.«

SUPPEN
& Hauptgerichte

AM ENDE DER GARZEIT, IN ETWAS SAHNE VERRÜHRT, SO LASSEN SICH DIE AROMEN IN SUPPEN, PÜREES, FEINEN FÜLLUNGEN, GEMÜSE- UND REISGERICHTEN BESONDERS GUT VERTEILEN.

SELLERIECREMESUPPE

—— *mit Frühlingszwiebeln*

FÜR 2 PORTIONEN
- 300 g Sellerieknolle
- 1 Möhre (ca. 90 g)
- 1 Bund Frühlingzwiebeln
- ½ Knoblauchzehe
- 1 EL Sonnenblumenöl
- 500 ml Wasser
- 1 TL Kräutersalz
- 1 TL Gemüsebrühe
- 1 Tr. Bio-Aroma Basilikum
- 2 Tr. Bio-Aroma Limette
- 100 ml Hafer- oder Sojasahne
- Basilikum zum Garnieren

ZEITBEDARF
- 20 Minuten
- 20 Minuten kochen

Die Sellerieknolle und die Möhre waschen, putzen und in Stücke schneiden. Die Frühlingszwiebeln waschen und putzen, den Knoblauch schälen, beides in dünne Scheiben schneiden.

In einem Topf Zwiebeln und Knoblauch in Sonnenblumenöl anschwitzen, dann die Sellerie- und Möhrenstücke dazugeben und kurz mit andünsten. Mit der Hälfte des Wassers aufgießen, das Kräutersalz und die Gemüsebrühe dazugeben und etwa 20 Minuten kochen lassen, bis das Gemüse weich ist.

Die Suppe mit einem Pürierstab fein pürieren. Das restliche Wasser dazugeben und nochmals kurz aufkochen lassen. Basilikum und Limette Bio-Aroma in der Hafersahne verrühren und mit einem Schneebesen gut unter die Suppe rühren.

Die Suppe auf Schälchen oder Teller verteilen und mit Basilikum garnieren.

»Suppen sind schnell zubereitet, lassen sich gut vorbereiten, wenn Gäste kommen, und eignen sich besonders gut zum Aromatisieren mit Bio-Aromen, weil sich die ätherischen Öle gut verteilen lassen. Die Selleriesuppe können Sie statt mit Basilikum und Limette auch mit 1 Tr. Ingwer und 3 Tr. Orange verfeinern.«

KÜRBISSUPPE

—— *cremig & fruchtig*

FÜR 2 PORTIONEN
- 1 kleine Zwiebel
- 1 Knoblauchzehe
- 1 Hokkaidokürbis (ca. 450 g)
- 1 EL Sonnenblumenöl
- 1 TL Gemüsebrühe
- 1 TL Kräutersalz
- 500 ml Wasser
- 1 Tr. Mandarine Bio-Aroma
- 2 Tr. Orange Bio-Aroma
- 50 ml Hafer- oder Sojasahne
- schwarzer Pfeffer aus der Mühle

ZEITBEDARF
- 20 Minuten
- 20 Minuten kochen

Die Zwiebel und die Knoblauchzehe schälen und klein schneiden. Den Kürbis waschen, entkernen und in grobe Stücke schneiden.

In einem Topf Zwiebel und Knoblauch in Sonnenblumenöl anschwitzen. Die Kürbisstücke dazugeben und ca. 5 Minuten andünsten. Mit der Hälfte des Wassers aufgießen, Gemüsebrühe und Kräutersalz hinzufügen. Zugedeckt ca. 15 Minuten kochen, bis der Kürbis weich ist. Die Suppe fein pürieren, das restliche Wasser dazugeben und nochmals kurz aufkochen lassen.

Mandarine und Orange Bio-Aroma in der Hafersahne verrühren und mit einem Schneebesen gut unter die Suppe rühren. Mit Pfeffer nach Belieben abschmecken. Die Suppe auf Schälchen verteilen und mit einer dünnen Orangenscheibe garnieren.

»Hokkaido ist ideal für Kürbissuppe geeignet, man muss ihn nicht schälen, da sich seine feine Schale gut pürieren lässt. Auch Ingwer Bio-Aroma passt sehr gut zu Kürbis.«

MÖHRENSUPPE

mit Süßkartoffel

FÜR 2 PORTIONEN
- 1 kleine Zwiebel
- 1 Knoblauchzehe
- 1 kleine Süßkartoffel (ca. 100 g)
- 3 Möhren (ca. 220 g)
- 1 EL Sonnenblumenöl
- 500 ml Wasser
- 1 TL Gemüsebrühe
- ½ TL Salz
- 2 Tr. Lemongras Bio-Aroma
- 1 Tr. Nelke Bio-Aroma
- 50 ml Hafer- oder Sojasahne

ZEITBEDARF
- 20 Minuten
- 25 Minuten kochen

Die Zwiebel und die Knoblauchzehe schälen und klein schneiden. Die Süßkartoffel und die Möhren waschen, putzen, eventuell schälen und in grobe Stücke schneiden.

In einem Topf Zwiebel und Knoblauch in Sonnenblumenöl anschwitzen. Die Süßkartoffel- und Möhrenstücke dazugeben und ca. 5 Minuten andünsten. Mit der Hälfte des Wassers aufgießen, Gemüsebrühe und Salz hinzufügen. Zugedeckt etwa 20 Minuten kochen, bis das Gemüse weich ist.

Die Suppe fein pürieren, das restliche Wasser hinzufügen und noch einmal kurz aufkochen lassen. Lemongras und Nelke Bio-Aroma in der Hafer- oder Sojasahne verrühren und mit einem Schneebesen gut unter die Suppe mischen.

Die Suppe auf Schälchen verteilen und mit ein paar Möhrenspiralen oder etwas Schnittlauch dekorieren.

VARIANTE

Anstelle der Süßkartoffel, die für eine leicht süße Note sorgt, können Sie auch eine normale Kartoffel verwenden. Das eher winterliche Nelken-Aroma lässt sich gut durch das sommerlich-frische Orangen-Aroma ersetzen.

COUSCOUS-STÄBCHEN

—— *mit Chicoréesalat*

Den Couscous in einem Topf mit heißem Wasser überbrühen und einige Minuten ziehen lassen.

In einer kleinen Schale Tahin, Apfelessig und Sonnenblumenöl mit Wasser zu einer cremigen Salatsauce verrühren. Kräutersalz und Mandarine Bio-Aroma dazugeben und gut unterrühren.

Chicorée waschen und in feine Streifen schneiden. Die Orange schälen, die Filets auslösen, halbieren und in eine Schüssel geben.

Die Zwiebel schälen, in feine Würfel schneiden und in einer Pfanne in Sonnenblumenöl glasig dünsten. Unter den Couscous rühren. Das Rosmarin Bio-Aroma in die Hafersahne tropfen und gut unterziehen. Mit Muskatnuss und Kräutersalz abschmecken und gut verrühren.

Die Arbeitsfläche mit Mehl bestäuben und die Couscous-Masse darauf etwa 1 cm dick zu einem Rechteck ausdrücken. Mit einem Messer ca. 2 cm breite Stäbchen ausschneiden und mit zwei glatten, breiten Messerkanten nachformen. Dabei die Couscous-Masse zusammendrücken, damit die Stäbchen gut zusammenhalten.

In einer Pfanne die Stäbchen von beiden Seiten in Sonnenblumenöl goldbraun braten und im vorgewärmten Backofen warm halten.

Die Salatsauce über den Chicoréesalat geben, untermischen und auf 2 Teller verteilen. Die Couscous-Stäbchen dazu anrichten.

FÜR 2 PORTIONEN
- 150 g Couscous
- 320 ml Wasser
- 1 kleine Zwiebel
- 1 EL Sonnenblumenöl
- 3 Tr. Rosmarin Bio-Aroma
- 1 EL Hafer- oder Soja-sahne
- 1 Prise Muskatnuss
- ½ TL Kräutersalz
- Mehl für die Arbeitsfläche
- 1–2 EL Sonnenblumenöl

FÜR DEN SALAT
- 2 EL Tahin (Sesammus)
- 2 EL Apfelessig
- 2 EL Sonnenblumenöl
- 2 EL Wasser
- 1 TL Kräutersalz
- 2 Tr. Mandarine Bio-Aroma
- 2 Chicorée
- 1 Orange

ZEITBEDARF
- 40 Minuten

GEFÜLLTE ZUCCHINI

— *mit Avocado & Pistazien*

FÜR 2 PORTIONEN
- 2 mittelgroße Zucchini
- 3 EL Olivenöl
- 1 Avocado (ca. 100 g Fruchtfleisch)
- 1 Knoblauchzehe
- Kräutersalz
- 50 g Pistazien
- 2 EL Hafersahne
- 1 Tr. Oregano Bio-Aroma
- 2 Tr. Limette Bio-Aroma
- 50 g Cashewkerne
- schwarzer Pfeffer aus der Mühle

ZEITBEDARF
30 Minuten
30 Minuten backen

Die Zucchini waschen und längs halbieren, die Stielansätze entfernen. Mit einem Teelöffel das Fruchtfleisch herauslösen und in kleine Stücke schneiden. Eine Auflaufform mit 1 EL Olivenöl einfetten und die Zucchinihälften hineinlegen.

In einem Topf 2 EL Olivenöl erhitzen und das Zucchini-Fruchtfleisch kurz andünsten. Die Avocado schälen, halbieren und entkernen. Das Fruchtfleisch zur Zucchini-Masse geben und mit einer Gabel grob zerdrücken. Die Knoblauchzehe schälen, fein würfeln und unterrühren. Mit Kräutersalz würzen.

Die Pistazien grob hacken und zur Zucchini-Masse geben. Die Hafersahne, Oregano und Limette Bio-Aroma dazugeben und gut unterrühren. Den Backofen auf 220 °C (Umluft 200 °C) vorheizen.

Die Cashewnüsse mahlen und ⅔ davon unter die Masse rühren. Die Masse auf die Zucchinihälften verteilen. Die restlichen Cashewnüsse darüberstreuen und mit etwas Kräutersalz und schwarzem Pfeffer würzen.

Die gefüllten Zucchini im vorgeheizten Backofen 25–30 Minuten garen, bis sie weich und die Cashewnüsse leicht gebräunt sind.

ERBSENPÜREE

—— mit Möhrensalat

Für das Püree die Kartoffeln waschen und in Salzwasser oder über Dampf in ca. 20 Minuten garen.

Für den Salat die Möhren und die Zucchini waschen und nicht zu fein raspeln. Den Cashewbruch grob mahlen und dazugeben, ebenso die Sonnenblumenkerne im Ganzen.

In einer kleinen Schale für das Dressing Sonnenblumenöl, Erdnussmus, Apfelessig und Wasser gut verrühren, mit Kräutersalz würzen. Orange und Zitrone Bio-Aroma in der Hafersahne verrühren und unterziehen. Das Dressing auf dem Salat verteilen und gut untermischen. Nach Belieben mit Chilipulver würzen.

Die Erbsen in einem kleinen Topf in ca. 10 Minuten gar dünsten, bei Bedarf wenig Wasser zugeben. Dann mit einem Pürierstab fein pürieren.

Die Kartoffeln schälen und in einem Topf in der erwärmten Pflanzenmilch mit einem Kartoffelstampfer zerdrücken. Die pürierten Erbsen dazugeben, die Knoblauchzehe dazupressen und alles gut verrühren. Mit Kräutersalz abschmecken. Basilikum und Orange Bio-Aroma in der Hafersahne verrühren und die Mischung gleichmäßig unter das Püree ziehen.

FÜR 2 PORTIONEN
- 500 g Kartoffeln
- 250 g TK-Erbsen
- 200 ml Pflanzenmilch (z. B. Mandelmilch)
- ½ Knoblauchzehe
- 1 TL Kräutersalz
- 1 Tr. Basilikum Bio-Aroma
- 2 Tr. Orange Bio-Aroma
- 1 EL Hafersahne

FÜR DEN SALAT
- 3 Möhren (ca. 220 g)
- 1 Zucchini (ca. 175 g)
- 50 g Cashewbruch
- 25 g Sonnenblumenkerne
- 2 EL Sonnenblumenöl
- 1 EL Erdnussmus Crunchy
- 2 EL Apfelessig
- 2 EL Wasser
- ½ TL Salz
- 3 Tr. Orange Bio-Aroma
- 2 Tr. Zitrone Bio-Aroma
- 4 EL Hafersahne
- 1 Prise Chilipulver

ZEITBEDARF
- 40 Minuten
- 35 Minuten kochen

EMPANADILLAS

mit Gemüse gefüllt

FÜR 6 TEIGTASCHEN
- 125 g Dinkelmehl Typ 1050
- 100 g Maismehl
- 1 TL Backpulver
- 130 ml Wasser
- 5 EL Olivenöl
- 1 TL Salz
- 3 Tr. Rosmarin Bio-Aroma
- ½ Bund Frühlingszwiebeln
- 1 große Knoblauchzehe
- ½ rote Paprikaschote (ca. 100 g)
- 1 kleine Zucchini (ca. 125 g)
- 2 EL Oliven-Bratöl
- 100 g TK-Erbsen
- 100 g Bio-Tomatenmark aus dem Glas
- 1 TL Kräutersalz
- 2 TL Paprikapulver
- schwarzer Pfeffer aus der Mühle
- 1–2 Tr. Basilikum Bio-Aroma
- 5 Tr. Orange Bio-Aroma

ZEITBEDARF
- 45 Minuten
- 30 Minuten ruhen
- 30 Minuten backen

Dinkelmehl, Maismehl und Backpulver in eine Schale geben, mit Wasser und Olivenöl zu einem glatten Teig verkneten, zum Schluss Salz und Rosmarin Bio-Aroma unterkneten. Zugedeckt 30 Minuten kühl stellen.

Frühlingszwiebeln und Knoblauch putzen bzw. schälen und klein schneiden. Paprikaschote und Zucchini waschen und in kleine Würfel schneiden. In einem Topf in 1 EL Öl Zwiebeln und Knoblauch anschwitzen, Paprika, Zucchini und Erbsen dazugeben und kurz andünsten. Eventuell mit wenig Wasser ablöschen und in ca. 10 Minuten bissfest garen.

Den Topf von der Herdplatte nehmen und das Tomatenmark unterrühren. Mit Kräutersalz, 1 TL Paprikapulver und Pfeffer würzen, Basilikum und Orange Bio-Aroma unterrühren.

Den Teig in 6 gleiche Stücke teilen. Auf einer bemehlten Arbeitsfläche zu je einem Viereck ausrollen. Den Backofen auf 180 °C (160 °C Umluft) vorheizen.

Die Füllung gleichmäßig auf den Teigquadraten verteilen und zu Dreiecken zusammenklappen. Die Taschen auf ein mit Backpapier ausgelegtes Backblech legen. Die Ränder der Taschen mit einer Gabel zusammendrücken. Die Taschen mit Oliven-Bratöl bepinseln und mit dem restlichen Paprikapulver bestreuen.

Die gefüllten Teigtaschen im vorgeheizten Backofen in etwa 30 Minuten goldbraun backen.

»Die Teigtaschen schmecken auch kalt oder können vor dem Servieren kurz im Backofen erwärmt werden Dazu passt ein grüner Salat sehr gut, z. B. der Wildkräutersalat mit Orange und Rosmarin (siehe Seite 38).«

FALAFEL-TALER

—— *mit Pfefferminz-Dip*

FÜR 2 PORTIONEN
- 1 Zwiebel
- 1 Knoblauchzehe
- 1 EL Sesamöl
- 230 g Kichererbsen (Glas oder Dose, Abtropfgewicht)
- 40 ml Wasser
- 1 geh. EL Tahin (Sesammus)
- 1 Prise Muskatnuss
- 1 Prise Chilipulver
- ½ TL Salz
- ¼ TL gem. Koriander
- ¼ TL gem. Kreuzkümmel
- 1 Tr. Ingwer Bio-Aroma
- 1 Tr. Nelke Bio-Aroma
- 5 Tr. Zitrone Bio-Aroma
- 30 g Kokosmehl
- Kokosfett zum Braten

FÜR DEN DIP
- 2 EL Tahin (Sesammus)
- 1 EL Weißweinessig
- 1 EL Sesamöl
- 1 Knoblauchzehe
- 1 TL Kräutersalz
- 100 g Sojajoghurt
- 1 Tr. Pfefferminze Bio-Aroma
- 2 Tr. Zitrone Bio-Aroma

ZEITBEDARF
- 45 Minuten

Die Zwiebel und den Knoblauch schälen und fein schneiden. In Sesamöl andünsten. Die Kichererbsen abgießen und gut abspülen. Mit Zwiebeln und Knoblauch pürieren, dabei etwa 40 ml Wasser zugeben, bis die Masse schön cremig ist.

Tahin unter die Kichererbsen-Masse rühren, mit Muskatnuss, Chilipulver, Salz, Koriander und Kreuzkümmel würzen. Ingwer, Nelke und Zitrone Bio-Aroma dazuträufeln und gut unterrühren oder nochmals kurz pürieren. Die Masse mit Kokosmehl abbinden, bis sie sich leicht formen lässt.

Aus der Kichererbsen-Masse mit den Händen 10 Taler formen. Kokosfett in einer Pfanne erhitzen und die Taler darin portionsweise von beiden Seiten knusprig braten. Vorsichtig wenden, da sie innen cremig-weich bleiben.

Für den Dip in einer kleinen Schale Tahin, Weißweinessig und Sesamöl verrühren. Die Knoblauchzehe dazupresssen, Kräutersalz und Sojajoghurt untermischen. Pfefferminze und Zitrone Bio-Aroma dazuträufeln und zu einem glatten Dip verrühren.

Die Falafel-Taler mit dem Pfefferminz-Dip anrichten.

»Der Dip passt auch gut zu Gemüsesticks oder Brot. Anstelle der Pfefferminze kann man ihn auch mit 1 Tr. Lemongras Bio-Aroma abschmecken.«

ASIA-REISPFANNE

—— *mit Gemüse*

Den Vollkornreis in einem Topf mit Wasser und Salz zum Kochen bringen und ca. 30 Minuten bei schwacher Hitze zugedeckt garen.

In der Zwischenzeit Spitzpaprika, Möhren, Pastinake und Zucchini waschen, putzen und in kleine Stücke schneiden. Die Zuckerschoten waschen, die Enden entfernen, die Schoten quer halbieren.

Die Zwiebel und die Knoblauchzehen schälen, in dünne Scheiben schneiden und in einer großen Pfanne in Sesamöl anbraten. Spitzpaprika, Möhren und Pastinake dazugeben und mit anbraten. Dann Zucchini und Zuckerschoten in die Pfanne geben, kurz anbraten und mit Kokosmilch ablöschen. Gut umrühren und zugedeckt in ca. 10 Minuten gar dünsten.

Das Salz und die Currypaste unter das Gemüse rühren. Das Lemongras Bio-Aroma in der Sojasauce verrühren und ebenfalls untermischen.

Den Reis kurz unter das Gemüse ziehen und servieren. Oder den Reis mit einem Servierring auf dem Teller platzieren und das Gemüse um den Reis herum anrichten.

FÜR 2 PORTIONEN

- 225 g Vollkorn-Basmatireis
- 450 ml Wasser
- ½ TL Salz
- 1 rote Spitzpaprika (ca. 200 g)
- 2 Möhren (ca. 150 g)
- 1 kleine Pastinake (ca. 100 g)
- 1 Zucchini (ca. 200 g)
- 200 g Zuckerschoten
- 1 große Zwiebel
- 2 Knoblauchzehen
- 3 EL Sesamöl
- 400 ml Kokosmilch
- 1 TL Salz
- 2 EL rote Thai-Currypaste
- 3 Tr. Lemongras Bio-Aroma
- 1 EL Sojasauce

ZEITBEDARF

- 30 Minuten
- 30 Minuten kochen

DESSERTS
& süßes Gebäck

KÖSTLICHE CREMES, FEINE PRALINEN, MUFFINS UND KEKSE – SIE LASSEN SICH SCHNELL UND GANZ EINFACH MIT AROMEN IN VIELERLEI GESCHMACKSRICHTUNGEN VERFEINERN.

PANNA COTTA

— mit Orangen

FÜR 2 PORTIONEN

- 200 ml Mandelmilch
- 150 ml Hafer- oder Sojasahne
- 2 EL Rohrohrzucker
- 1 gestr. TL Agar-Agar
- 4 EL Amaretto
- 4 Tr. Orange Bio-Aroma
- 1 EL Öl für die Förmchen
- 2½ Orangen
- 2 EL Ahornsirup
- 2 Tr. Nelke Bio-Aroma

ZEITBEDARF

- 25 Minuten
- 2 Stunden kühlen

Die Mandelmilch und die Hafersahne in einem kleinen Topf erhitzen, Rohrohrzucker und Agar-Agar dazugeben und mit dem Schneebesen unterrühren, 5 Minuten köcheln lassen. 2 EL Amaretto und das Orange Bio-Aroma unterrühren.

2 Förmchen ausfetten und die Milch-Sahne-Mischung hineingießen. Die Panna Cotta für mindestens 2 Stunden im Kühlschrank kalt stellen.

Den Saft von ½ Orange auspressen und in einen kleinen Topf geben. 2 Orangen mit einem scharfen Messer schälen, dabei die weiße Innenhaut vollständig entfernen. Die Orangen in dünne Scheiben schneiden und in den Saft legen. 1 Minute aufkochen und den Topf vom Herd ziehen. Den Ahornsirup unterrühren. Das Nelke Bio-Aroma in 2 EL Amaretto verrühren und ebenfalls untermischen. Die Orangen zugedeckt im Kühlschrank kalt stellen.

Die Panna Cotta auf 2 Dessertteller stürzen, mit den Orangenscheiben garnieren und mit der Sauce übergießen.

»Sehr gut schmecken die Orangenscheiben auch, wenn sie mit 3 Tr. Tonka Bio-Aroma statt mit Nelke verfeinert werden.«

MANGOCREME

—— *mit Kokosmilch*

FÜR 2 PORTIONEN

- 1 reife Mango
- 30 g Rohrohrzucker
- 200 ml Kokosmilch
- ½ TL Agar-Agar
- 1 Tr. Lemongras Bio-Aroma
- 2 Tr. Rose 3% Bio-Aroma

ZEITBEDARF

- 20 Minuten
- 2 Stunden kühlen

Die Mango schälen, vom Kern lösen, in Stücke schneiden und in ein Püriergefäß geben. Den Rohrohrzucker dazugeben und mit dem Pürierstab fein pürieren. Die Zuckermenge hängt vom Reifegrad der Mango ab. Verwendet man Mango aus der Dose, braucht man keinen oder nur sehr wenig Zucker.

In einem kleinen Topf die Kokosmilch erhitzen, Agar-Agar dazugeben und 5 Minuten köcheln lassen. Lemongras und Rose Bio-Aroma unterrühren. Die pürierte Mango unterziehen und die Creme in 2 Schälchen oder Gläser füllen. Die Creme für mindestens 2 Stunden im Kühlschrank kalt stellen.

Die Creme vor dem Servieren eventuell noch einmal durchrühren, damit sie cremiger ist. Nach Belieben mit frischen Rosenblättern oder mit Mangoscheiben garnieren.

»Verwendet man Bio-Kokosmilch, setzt sich meist oben eine Fettschicht ab, da keine Emulgatoren verwendet werden. Um 100 ml abmessen zu können, die geöffnete Dose für ein paar Minuten in heißes Wasser stellen, dann umrühren, damit sich das Fett gleichmäßig verteilt.«

KOKOSREIS

— *mit Cranberrys*

FÜR 4 PORTIONEN
- 200 g Milchreis
- 400 ml Kokosmilch
- 400 ml Reismilch
- 50 g Kokosflocken
- 50 g Cranberrys
- 80 g Rohrohrzucker
- 1 Tr. Lemongras Bio-Aroma
- 3 Tr. Orange Bio-Aroma

ZEITBEDARF
- 20 Minuten
- 30 Minuten kochen

Den Milchreis in einem Topf mit der Kokosmilch und der Reismilch aufkochen und bei schwacher Hitze in ca. 20 Minuten zugedeckt garen. Bei Bedarf noch etwas Reismilch zugeben. Die Cranberrys und die Kokosflocken unterrühren und zugedeckt weitere 10 Minuten ziehen lassen.

Den Rohrohrzucker, das Lemongras und Orange Bio-Aroma unter den Reis rühren und gut vermischen.

Den Kokosreis heiß servieren. Er schmeckt auch kalt sehr gut, dafür am besten in kleine Gläschen füllen und für ca. 1 Stunde in den Kühlschrank stellen.

»*Verwenden Sie Vollkorn-Rundkornreis, verlängert sich die Zubereitungszeit um ca. 20 Minuten und Sie benötigen etwas mehr Reismilch (ca. 80 ml).***«**

TIRAMISU

—— *der italienische Klassiker*

Den Backofen auf 220 °C (200 °C Umluft) vorheizen. Dinkelmehl, Maismehl, Sonnenblumenöl, Rohrohrpuderzucker und Backpulver in eine kleine hohe Rührschüssel geben. Die Mandelmilch mit dem Rührgerät unterrühren. Das Mineralwasser zügig unterrühren und die Masse in eine Löffelbiskuitform (12 Stück) füllen. Ca. 10 Minuten backen, bis die Biskuits leicht gebräunt sind. Herausnehmen und abkühlen lassen.

Starken Espresso kochen und erkalten lassen. Die Mandelschlagcreme mit einem Handrührgerät aufschlagen. Mit Rohrohrzucker süßen, mit Vanille oder Tonka aromatisieren.

Den kalten Espresso in eine kleine flache Schale gießen, Amaretto und Tonka Bio-Aroma darin verrühren. Eine viereckige Form für das Tiramisu bereitstellen.

Je 1 Löffelbiskuit in den Espresso legen und drehen, darauf achten, dass beide Seiten gut getränkt sind. Die Hälfte der Löffelbiskuits nebeneinander in die Form legen. Die Hälfte der Mandelcreme darüber verteilen und glatt streichen. Die restlichen Löffelbiskuits tränken und als zweite Lage auf die Creme legen. Die restliche Mandelcreme darauf verteilen und glatt streichen.

Die Form in den Kühlschrank stellen und die Creme mindestens 4 Stunden fest werden lassen. Vor dem Servieren Kakaopulver durch ein kleines Sieb über das Tiramisu stäuben.

FÜR 4 PORTIONEN

FÜR DIE LÖFFELBISKUITS
- 75 g Dinkelmehl Typ 1050
- 20 g Maismehl
- 1 EL Sonnenblumenöl
- 40 g Rohrohrpuderzucker
- ½ Päckchen Backpulver
- 40 ml Mandelmilch
- 40 ml Mineralwasser mit Kohlensäure

FÜR DAS TIRAMISU
- ca. 100 ml Espresso
- 350 g Bio-Mandelschlagcreme (Soyana)
- 45 g Rohrohrzucker
- 6 Tr. Vanille oder Tonka Bio-Aroma
- 2 EL Amaretto
- 8 Tr. Tonka Bio-Aroma
- 2 EL Kakaopulver

ZEITBEDARF
- 40 Minuten
- 10 Minuten backen
- 4 Stunden kühlen

»Alternativ können Sie auch eine Schlagcreme aus Sojamilch oder aufschlagbare Sojasahne verwenden. Je nach Produkt kann es sein, dass die Creme dann nicht so fest wird wie mit Mandelschlagcreme. Wer fertige Löffelbiskuits verwendet, braucht ca. 150 g.«

SCHOKOLADENGRIESS

mit Birnen

FÜR 4 PORTIONEN

- 250 ml Pflanzenmilch (z. B. Mandel- oder Hafermilch)
- 100 g Dinkelvollkorngrieß
- 110 g Hafer- oder Sojasahne
- 1 Tr. Zimt Bio-Aroma
- 60 g Rohrohrzucker
- 3 TL Kakaopulver
- 4 Tr. Orange Bio-Aroma
- 8 Tr. Tonka Bio-Aroma
- Öl für die Förmchen
- 2 Birnen
- 50 ml Wasser
- 30 g Zartbitterkuvertüre

ZEITBEDARF

- 40 Minuten
- 2 Stunden kühlen

Die Milch in einem Topf erhitzen, die Hitze reduzieren und den Grieß portionsweise mit einem Schneebesen unterrühren. 100 g Hafersahne und das Zimt Bio-Aroma dazugeben, unterrühren und unter Rühren ca. 5 Minuten gar ziehen lassen. Je nach Grießsorte kann die Milchmenge variieren. Die Masse sollte sich gut in den Förmchen verteilen lassen, darf aber nicht zu flüssig sein, damit das Dessert später gestürzt werden kann.

50 g Rohrohrzucker und das Kakaopulver unter den Grieß rühren. Mit 4 Tr. Orange und 5 Tr. Tonka abschmecken.

4 Förmchen mit Öl einfetten und die Grießmasse einfüllen. Mindestens 2 Stunden im Kühlschrank kalt stellen, bis der Schokogrieß fest ist.

Vor dem Servieren die Birnen waschen, eventuell schälen und in je 8 Spalten schneiden. In einem kleinen Topf in Wasser zugedeckt in ca. 5 Minuten bissfest dünsten. Den restlichen Zucker dazugeben, je nach Süße der Birnen auch etwas mehr.

In einer Edelstahlschüssel die Zartbitterkuvertüre mit 10 g Hafersahne über einem Wasserbad schmelzen, mit 3 Tr. Tonka Bio-Aroma verrühren.

Den Schokoladengrieß auf Teller stürzen und mit den Birnenspalten anrichten. Mit der Schokolade garnieren.

SCHOKO-MUFFINS

—— *mit Zartbitterkuvertüre*

FÜR 12 MUFFINS
- 250 g Dinkelmehl Typ 1050
- 2 TL Backpulver
- 150 g Rohrohrzucker
- 3 EL Kakaopulver
- 100 g weiche Pflanzenmargarine
- 100 g Hafer- oder Sojasahne
- 150 ml Pflanzenmilch (z. B. Mandelmilch)
- 100 g Zartbitterschokolade
- 10 Tr. Kakao Bio-Aroma
- 50 g Zartbitter-Schokoladenkuvertüre
- 8 Tr. Pfefferminze Bio-Aroma
- 2 EL Schokoraspeln

ZEITBEDARF
- 30 Minuten
- 25 Minuten backen

Das Dinkelmehl mit Backpulver, Rohrohrzucker und Kakaopulver in einer Schüssel vermischen. Die weiche Pflanzenmargarine in Stücken dazugeben, Hafersahne und die Hälfte der Pflanzenmilch zugeben. Den Teig gut verrühren, die restliche Milch portionsweise dazugeben, bis der Teig eine weiche, cremige Konsistenz hat. Die Flüssigkeitsmenge kann je nach Mehlsorte und verwendeter Sahne variieren.

Die Zartbitter-Schokolade grob hacken und unterziehen, das Kakao Bio-Aroma unterrühren. Den Backofen auf 180 °C (160 °C Umluft) vorheizen.

Die Mulden einer Muffinform mit Papierbackförmchen auslegen. Den Teig auf die Förmchen verteilen und im vorgeheizten Backofen ca. 25 Minuten backen. Herausnehmen und auskühlen lassen.

Die Zartbitterkuvertüre in einer kleinen Edelstahlschüssel über einem Wasserbad schmelzen, das Pfefferminze Bio-Aroma unterrühren. Die Muffins mit der Schokolade bepinseln. Mit Schokoraspeln garnieren.

»Statt mit frischem Pfefferminze Bio-Aroma schmecken die Schoko-Muffins auch mit fruchtigem Mandarine Bio-Aroma sehr gut.«

RÜBLI-MUFFINS

—— *mit Orangen-Zuckerglasur*

Das Dinkelmehl mit Backpulver und Rohrohrzucker in einer Schüssel vermischen. Die weiche Pflanzenmargarine dazugeben, die Hafersahne und die Hälfte der Mandelmilch unterrühren. Die Mandeln grob mahlen und ebenfalls dazugeben. Die Möhre waschen, fein raspeln und unterrühren.

Den Teig gut verrühren. Die restliche Milch portionsweise zugeben, bis der Teig eine weiche, cremige Konsistenz hat. Die Flüssigkeitsmenge kann je nach Mehlsorte und verwendeter Sahne variieren. Ingwer, Orange und Kakao Bio-Aroma dazugeben und gut unterrühren. Den Backofen auf 180 °C (160 °C Umluft) vorheizen.

Die Mulden einer Muffinform mit Papierbackförmchen auslegen. Den Teig auf die Förmchen verteilen und im vorgeheizten Backofen in ca. 25 Minuten goldbraun backen.

In einer Tasse Puderzucker mit Wasser und Orange Bio-Aroma verrühren. Die Muffins noch warm mit der Zuckerglasur bestreichen und mit Orangenzesten garnieren.

FÜR 12 MUFFINS

- 250 g Dinkelmehl Typ 1050
- 2 TL Backpulver
- 100 g Rohrohrzucker
- 100 g weiche Pflanzenmargarine
- 100 g Hafer- oder Sojasahne
- 150 ml Pflanzenmilch (z. B. Mandelmilch)
- 75 g Mandeln
- 75 g Möhren
- 6 Tr. Ingwer Bio-Aroma
- 8 Tr. Orange Bio-Aroma
- 10 Tr. Kakao Bio-Aroma
- 50 g Puderzucker
- 1 EL Wasser
- 3 Tr. Orange Bio-Aroma
- Orangenschale für die Garnitur

ZEITBEDARF

- 30 Minuten
- 25 Minuten backen

»Zu diesen Muffins passt auch sehr gut eine Schokoglasur, die mit Orange Bio-Aroma verfeinert wird.«

POWERPRALINEN

— *mit Datteln & Paranüssen*

FÜR 32 PRALINEN

- 150 g getrocknete Datteln
- 4 EL Wasser
- 2 EL Rum
- 2 EL Ahornsirup
- 150 g Paranüsse
- 1 EL Kakaopulver
- 4 Tr. Kakao Bio-Aroma
- 2 Tr. Mandarine Bio-Aroma
- Kakaopulver zum Wälzen

ZEITBEDARF

- 40 Minuten
- 2 Stunden einweichen
- 3 Stunden trocknen

Die getrockneten Datteln in grobe Stücke schneiden und ca. 2 Stunden im Wasser einweichen. Dann mit dem Rum und dem Ahornsirup fein pürieren.

Die Paranüsse fein mahlen und dazugeben. Das Kakaopulver und das Kakao und Mandarine Bio-Aroma ebenfalls zugeben und gut unterrühren. Aus der Dattel-Nuss-Masse zwischen den Handflächen ca. 32 Kugeln formen.

Kakaopulver in eine flache Schale geben. Die Kugeln darin wälzen, dann auf ein mit Backpapier ausgelegtes Tablett legen und trocknen lassen.

VARIANTE: MIT APRIKOSEN & KOKOS

150 g getrocknete Aprikosen zerkleinern und in 4 EL Wasser einweichen. Dann mit 2 EL Zitronensaft oder Rum und 2 EL Ahornsirup fein pürieren. 150 g Kokosflocken und 4 Tr. Limette Bio-Aroma unterrühren. Aus der Masse ca. 40 Kugeln formen, in Kokosflocken wälzen und trocknen lassen.

MARZIPAN-TRÜFFEL

—— *mit Pistazien*

FÜR 24 PRALINEN
- 150 g blanchierte Mandeln
- 80 g Puderzucker
- 20 ml Wasser
- 10 g Pistazien
- 3 TL Instant-Espresso-pulver
- 5 ml Rum
- 1 Tr. Rose 3 % Bio-Aroma
- 3 Tr. Tonka Bio-Aroma
- 100 g Zartbitterkuvertüre
- 40 g gehackte Pistazien

ZEITBEDARF
- 40 Minuten
- 1 Stunde ruhen

Die blanchierten Mandeln fein mahlen, mit Puderzucker und Wasser in einer Rührschüssel zu einer geschmeidigen Marzipanmasse verkneten. Die Pistazien grob hacken und mit Espressopulver, Rum und Rose und Tonka Bio-Aroma dazugeben. Noch einmal gut verkneten und in Folie gewickelt für 15 Minuten in den Kühlschrank stellen.

Die Marzipanmasse zwischen den Handflächen zu ca. 24 Kugeln formen. Die Kuvertüre in einer kleinen Edelstahlschüssel über einem Wasserbad schmelzen und auf 28 °C temperieren.

Die Marzipankugeln mit einer Pralinengabel oder einer Gabel in die Kuvertüre tauchen und auf einem Pralinengitter zwischen 2 Gabeln hin und her rollen, bis die typische „igelige" Pralinenoberfläche entsteht. Die Kugeln auf Backpapier legen und mit gehackten Pistazien bestreuen. Die Pralinen ca. 2 Stunden abkühlen lassen.

»Wenn es schnell gehen soll, kann man die Kugeln auch einfach nur in die Kuvertüre tauchen, dann auf das Backpapier legen und mit den Pistazien bestreuen.«

SHORTBREAD

—— *feines Teegebäck*

FÜR 24 STÜCK
- 200 g Dinkelmehl 1050
- 100 g Maisstärke
- 100 g Puderzucker
- 1 Prise Salz
- 200 g weiche Pflanzenmargarine
- 30 Tr. Orange Bio-Aroma oder 8 Tr. Rose 3 % Bio-Aroma

ZEITBEDARF
- 30 Minuten
- 30 Minuten backen

Das Dinkelmehl mit Maisstärke, Puderzucker und Salz in eine Schüssel geben. Die weiche Margarine in Stückchen dazugeben und unterkneten.

Den Teig mit Orange oder Rose aromatisieren. Oder den Teig halbieren und jeweils in eine Hälfte 15 Tr. Orange Bio-Aroma geben und in die andere Hälfte 4 Tr. Rose Bio-Aroma.

Den Teig nochmals durchkneten und 8 bis max. 10 mm dick zu einem ca. 18 cm langen Viereck ausrollen. Dann in 8 Streifen schneiden und diese jeweils in 3 Stücke teilen, sodass 24 gleich große Stäbchen entstehen. Den Backofen auf 180 °C (160 °C Umluft) vorheizen.

Die Stäbchen auf ein mit Backpapier ausgelegtes Backblech legen und mit einer Gabel parallel und gleichmäßig je 12 Löcher einstechen. Die Kekse in 25–30 Minuten goldbraun backen.

»Diese schottischen mürben Kekse schmecken auch sehr gut, wenn sie mit 6 Tr. Lemongras oder mit 20 Tr. Tonka Bio-Aroma verfeinert werden.«

BIO-AROMEN

—— *Düfte zum Essen & Trinken*

In dieser kleinen Übersicht stelle ich Ihnen 19 wichtige ätherische Öle der Aroma-Küche vor, mit Beschreibung ihrer Eigenschaften und Wirkungen sowie mit Hinweisen, welche Aromen besonders gut harmonieren und miteinander kombiniert werden können.

ANIS BIO-AROMA

—— *aus Illicium verum*

Das leicht süßliche Aroma kennen Sie von verdauungsfördernden Spirituosen wie Pastis oder Ouzo. Das weiche Aroma lädt zum Entspannen ein und passt gut für Cocktails, Gebäck und Süßspeisen. Die einen lieben Anis, andere mögen es gar nicht – in diesem Fall lässt es sich gut durch einen Hauch Zimt ersetzen. Anis harmoniert gut mit Orange, Mandarine oder Vanille.

BASILIKUM BIO-AROMA

—— *aus Ocimum basilicum*

Ein sehr beliebtes frisch kräuteriges Aroma der italienischen Küche. In der Aromatherapie verwendet man den belebenden Duft als Anti-Stress-Aroma. Es passt gut in alle Speisen mit Tomaten und Gemüse, für Salatsaucen und Suppen. Basilikum harmoniert gut mit Zitrone und Rosmarin, aber auch mit der edlen Rose. Sehr sparsam dosieren!

BERGAMOTTE BIO-AROMA

—— *aus Citrus bergamia*

Mit seinem frischen und aufmunternden Aroma ist es der Duft für graue Tage, der aufhellend wirkt. Das leicht herbe Aroma ist zudem verdauungsfördernd. Bekannt ist Bergamotte vor allem durch den Earl-Grey-Tee, passt aber auch als besondere Note für Pikantes und Cocktails oder als Kontrast in Gerichten mit Schokolade, z. B. in Schoko-Keksen. Bergamotte harmoniert gut mit Rose, Lavendel und Orange. Sparsam dosieren.

INGWER BIO-AROMA

—— *aus Zingiber officinale*

Ein frisches und zugleich wärmendes Aroma für die exotische Küche. Traditionell wird Ingwer bei Übelkeit verwendet und hat sich bei diversen Verdauungsbeschwerden bewährt. Es macht viele Speisen bekömmlicher und ist eine klassische Zutat im Curry. Das Bio-Aroma ist nicht scharf wie der frische Ingwer und eignet sich deshalb sehr gut für Menschen die nicht gerne scharf essen wollen. In der Weihnachtsbäckerei wird Ingwer traditionell für Stollen und Lebkuchen verwendet, passt aber auch sehr gut in Heißgetränke, Reisgerichte und Suppen. Ingwer harmoniert gut mit Orange, Mandarine und Zitrone.

KAKAO BIO-AROMA

—— *aus Theobroma cacao*

Ein weicher Duft zum Entspannen und Wohlfühlen. Beim Riechen an Kakao werden im Körper sogenannte Glückshormone ausgeschüttet, die eine behaglich kuschelige Atmosphäre suggerieren. Tatsächlich kann deshalb Kakao oder auch Vanille als Riechfläschchen beim Abnehmen helfen. Das milde Aroma ist sehr vielseitig und für Süßspeisen, Gebäck und Heißgetränke geeignet. Kakao unterstützt das Aroma von Schokolade und sorgt dafür, dass süße Leckereien unwiderstehlich werden. Passt sehr gut zu Rose, Vanille und Tonka Bio-Aroma.

LAVENDEL BIO-AROMA

—— *aus Lavandula officinalis*

Ein feinherber Kräuterduft zum Entspannen und Harmonisieren und damit die besondere Zutat für heiße Schokolade am Abend! Lavendel ist eines der wichtigsten Öle der Aromatherapie und wird nicht nur zur Beruhigung und für guten Schlaf eingesetzt, sondern auch für die Hautpflege. Das Aroma passt zu allen Gerichten der mediterranen Küche, mit seinem Duft der Provence vor allem in die französische Küche. Für Salate, Gebäck und Süßspeisen verwenden und sparsam dosieren, damit es nicht bitter wird.

LEMONGRAS BIO-AROMA

—— *aus Cymbopogon citratus*

Ein belebend exotisches Aroma, das Frische und Energie gibt und in der asiatischen Küche sehr häufig verwendet wird, z. B. in Reisgerichten. Das im Handel erhältliche, aus fernen Regionen importierte Lemongras ist aber oft relativ schwach im Geschmack und bringt nur wenig Aroma. Von Lemongras Bio-Aroma dagegen benötigen Sie oft nur wenige Tropfen für einen stark frischen exotischen Kick! Es schmeckt gut in frischen Cocktails und fruchtigen Desserts, aber auch in Suppen und Reisgerichten. Es passt gut zu Rose, aber auch zu Orange, Rosmarin oder Nelke. Sparsam dosieren.

LIMETTE BIO-AROMA

—— *aus Citrus aurantiifolia*

Das frisch herbe Caipirinha-Aroma, das anregend und aktivierend wirkt. Es unterstützt die Arbeit von Magen und Darm und wirkt verdauungsfördernd. Limette ist eine spannende Zutat für Cocktails und Getränke und bringt immer eine leicht herbe Limonadennote. Limette erfrischt in vielen Aroma-Kombinationen für Gebäck oder Desserts und belebt Gaumen und Raumluft. Passt gut zu Orange, aber auch zu Kräutern wie Oregano oder Basilikum. Sparsam dosieren.

MANDARINE BIO-AROMA

—— *aus Citrus reticulata*

Ein warm herbes Aroma, das erfrischt und inspiriert. Wir verbinden mit dem Duft der Mandarine die Winter- und Weihnachtszeit, weil das Aroma hervorragend zu Zimt und Nelke passt und uns in behagliche Stimmung versetzt. Als klassisches Winter-Aroma schmeckt es gut in Keksen, aber auch in Glühwein oder Tee. Cocktails und fruchtigen Gerichten verleiht Mandarine einen leicht herben Kick und harmoniert besonders gut mit der warmen Orange, mit Kakao oder Vanille. Es passt gut zu Schokolade, z. B. in Schokoglasur für Kuchen oder Kekse. Sparsam dosieren.

NELKE BIO-AROMA

—— *aus Syzygium aromaticum*

Ein wärmendes und stärkendes Aroma mit unverwechselbar intensivem Duft. Traditionell wird Nelke aufgrund der desinfizierenden Eigenschaften in der Zahnheilkunde verwendet, ist aber auch beliebt in asiatischen und indischen Gerichten. Bei uns wird Nelke vor allem in Glühwein und Weihnachtsgebäck verwendet. Sie harmoniert gut mit Orange, Mandarine und Vanille. Sehr sparsam dosieren!

ORANGE BIO-AROMA

—— *aus Citrus sinensis*

Das beliebte weich frische Gute-Laune-Aroma zum Wohlfühlen. Nicht nur als praktischer Ersatz für abgeriebene Bio-Orangenschale ist es ein wertvoller Helfer in der Küche, sondern auch als erfrischende Zutat für süßes Gebäck, Desserts und Cocktails. Aromatisieren Sie Ihren Kaffee mit 1 Tropfen Orange in Kaffeepulver für 1 bis 2 Tassen Kaffee und Sie werden die motivierende und aufheiternde Wirkung spüren! Orange passt perfekt zu den klassischen Weihnachtsgewürzen Nelke, Vanille und Zimt, harmoniert aber ebenso gut mit Rosmarin und rundet jedes andere Aroma ab und macht es weicher.

OREGANO BIO-AROMA

—— *aus Oreganum vulgare*

Oregano wird in der Küche traditionell in Eintöpfen und reichhaltigen Speisen verwendet, da er anregend auf Magen und Verdauung wirkt. In der mediterranen Küche ist Oregano ein wichtiges Aroma für Pizza, Salate, Nudeln und Antipasti. Harmoniert gut mit Orange. Sehr sparsam dosieren!

PFEFFERMINZE BIO-AROMA

—— *aus Mentha piperita*

Der belebend frische und klare Duft für Getränke, Salate und Süßspeisen. Im Sommer ist er sehr beliebt in frischen Cocktails wegen seiner kühlenden und aktivierenden Wirkung. Die Kombination mit Schokolade ist bekannt als „After Eight" – wer sie mag, wird auch die Schoko-Minz-Muffins (siehe Seite 80) lieben. Als heiße Zartbitter-Schokolade gibt Pfefferminze die frische Note. Sparsam dosieren!

ROSE BIO-AROMA

—— *aus Rosa damascena*

Ein ganz besonderes, verführerisches Aroma, das vor allem in Arabien und Asien sehr beliebt ist. Rose ist das Wohlfühl-Aroma zum Verwöhnen, das in der Aromatherapie häufig für die Pflege von Haut und Sinnen eingesetzt wird. In der Küche ist Rose die klassische Zutat für die Zubereitung von Marzipan, vor allem in Form von Rosenwasser. Da dieses aber nicht lange haltbar ist, wird es meist mit synthetischen Konservierungsmitteln versetzt. Rose Bio-Aroma ist ein gut haltbarer „Ersatz", der jedes Marzipan zum Genuss macht! Es passt auch sehr gut für Cocktails, Desserts, Kekse und alles Süße, aber auch für Reisgerichte. 1 Tr. Rose 3 % Bio-Aroma zaubert auch eine überraschend harmonische Note in geschlagene Sahne! Sparsam dosieren.

ROSMARIN BIO-AROMA

—— *aus Rosmarinus officinalis*

Ein mediterranes Aroma für Salate, Gemüse, Brote und Dips, das belebt und erfrischt. Rosmarin passt gut zu herzhaften Knabbereien als Aperitiv oder für zwischendurch. Es harmoniert gut mit Lavendel und Basilikum Bio-Aroma, aber auch mit Zitrone und Orange Bio-Aroma.

TONKA BIO-AROMA

—— *aus Dipteryx odorata*

Ein ausgleichend entspannendes Aroma, das an Mandeln und Marzipan erinnert. Es ist ein Allround-Talent für alle süßen Speisen wie Tiramisu, Kekse, Desserts oder Getränke. Es erinnert etwas an Vanille, ist aber intensiver im Geschmack und kann immer eingesetzt werden, wenn in Rezepten Vanille angegeben ist. Tonka ist eine besonders edle Kostbarkeit, mit unwiderstehlichem Duft und Aroma. Passt gut zu Rose, Orange und Vanille.

VANILLE BIO-AROMA

—— *aus Vanilla planifolia*

Ein sanftes Aroma, das euphorisierend und motivierend wirkt. Vanille Bio-Aroma können Sie immer dann als praktischen Ersatz verwenden, wenn in Rezepten Vanillezucker, Vanillepulver oder ausgeschabte Vanilleschoten angegeben sind. 2 Tropfen davon geben geschlagener Sahne ein besonderes Aroma. Vanille ist der Klassiker unter den Aromen für Weihnachten und viele süße Speisen und harmoniert sehr gut mit Orange, Mandarine und Rose.

ZIMT BIO-AROMA

—— *aus Cinnamomum zeylanicum*

Ein süßlich wärmender Duft, vor allem für die Winterzeit. Wir lieben ihn in Weihnachtsgebäck und Chai-Gewürztees, er passt aber auch gut für Curry- und Reisgerichte, denn traditionell findet sich das magenstärkende und desinfizierende Gewürz in vielen asiatischen und indischen Gerichten. Sehr sparsam dosieren!

ZITRONE BIO-AROMA

—— *aus Citrus limonum*

Ein besonders spritzig frisches Aroma, das aktiviert, belebt und auch sehr gut beim Lernen und Konzentrieren hilft! Ein praktischer Ersatz für abgeriebene Bio-Zitronenschale und der Klassiker für frische Cocktails, Kekse, Salate und Dips. Einige Tropfen Zitrone im Waschwasser für Salat oder Möhren erhöhen die Spannkraft des Gemüses und geben eine leicht frische Note, wenn Sie den Salat danach anrichten. Zitrone ist auch ein ätherisches Öl mit hoher Desinfektionskraft und eignet sich deshalb gut zum Reinigen der Raumluft in der Küche. Zitrone passt gut zu allen Kräutern wie Rosmarin oder Basilikum, aber auch zu Ingwer und Orange.

REGISTER VON A-Z

IMPRESSUM

Umschlaggestaltung von Gramisci Editorialdesign,
Claudia Geffert, München unter Verwendung eines Farbfotos
von Rogge & Jankovic Fotografen.

Mit 44 Farbfotos von Rogge & Jankovic Fotografen
Foto S. 54: Alexander Walter
Foto S. 85: Mirjam Fruscella
Fotos Klappe innen: Jule Felice Frommelt und Taoasis Bildarchiv

Unser gesamtes Programm finden Sie unter **kosmos.de.**
Über Neuigkeiten informieren Sie regelmäßig unsere
Newsletter, einfach anmelden unter **kosmos.de/newsletter**

Gedruckt auf chlorfrei gebleichtem Papier

ISBN 978-3-440-14996-6
Projektleitung und Redaktion: Dr. Eva Eckstein
Gestaltungskonzept: Gramisci Editorialdesign, Claudia Geffert,
München
Gestaltung und Satz: Katrin Kleinschrot, Stuttgart
Produktion: Eva Schmidt
Printed in Germany / Imprimé en Alemagne

FSC
www.fsc.org
MIX
Papier aus verantwortungsvollen Quellen
FSC® C110508